絵でみる
ちからとかたち

ご案内

本書の著作権・出版には(一社)日本建築学会にあります。本書より著書・論文等への引用・転載にあたっては必ず本会の許諾を得てください。

Ⓡ＜学術著作権協会委託出版物・特別扱い＞

本書の無断複写は、著作権法上で例外を除き禁じられています。本書は、学術著作権協会への特別委託出版物ですので、包括許諾の対象となっていません。本書を複写される場合は、(一社)学術著作権協会(03-3475-5618)を通してその都度本会の許諾を得てください。

一般社団法人　日本建築学会

絵でみるちからとかたち

序

　最近『アクティブ・ラーニング』という言葉がよく聞かれますが、これは「アクティブ」すなわち「学生自身が積極的に学ぶ」ということ、「ラーニング」は「学ぶ」ということを言いあらわします。以前に、「大学の学び方」の授業のイメージは、講義室で先生が黒板を背にして一方的にしゃべったり、黒板に書いたりして、学生は一生懸命ノートを取るというものでしたが、今は少しずつ、そのような授業は減ってきました。学生が授業中に少人数で話し合ったり、学生が前に出て発表したり、時には、学生だけでミーティングや作業を行い、先生は意見や助けを求められたときに表に出てきたり、大学の外に出て調査したり、実体験をしたりという授業が、だんだんと増えてきて、このような学習形態が『アクティブ・ラーニング』と呼ばれています。

　本会では、1994年6月に、構造入門教材「ちからとかたち」を刊行し、その後、会員諸氏のご好評を得て増刷してきましたが、各方面からの貴重なご意見を頂きましたので、各項目の見直しなどを行って、1998年9月に改定を行いました。この「ちからとかたち」の刊行趣旨は、『学習する人たちが簡単な構造模型をつくって実験をすることによって構造のしくみを実感して頂く』ことにあり、その意味では、前述の『アクティブ・ラーニング』の考え方を先取りしたものでありました。

　その改定された内容に対しても、教材の使用勝手などについて貴重なご意見を頂くことができましたが、その中には、実験の力学的難易度の範囲が広いとか、教材に示される実験が多すぎるなどのご指摘がありました。そこで、実験の全体構成、実験の数などに配慮した新入門教材として、「はじめてまなぶ ちからとかたち」を2003年10月に「ちからとかたち」のシリーズとして位置づけて刊行しました。この「はじめてまなぶ ちからとかたち」は、内容や表現を学習者が構造力学や建築構造の予備知識を必要としないことを念頭に置いて、「構造力学入門」というよりは「建築構造入門」に力点を置いて編集されたものでありましたが、先発教材の「ちからとかたち」と、内容などにはかなり違いがあるにもかかわらず、愛用者も多く、両教材とも需要に応じて増刷を行ってきました。

　この「はじめてまなぶ ちからとかたち」に対しても貴重なご意見を頂きましたが、このたび、初版以来の構造用教材「ちからとかたち」の基本方針である『簡単な構造模型をつくって、構造のしくみを実感して頂く』ということをできるだけ少なくして、絵や写真を通じて、建築構造のしくみを学習して頂こうという編集方針のもとに、「ちからとかたち」のシリーズとして「絵でみる ちからとかたち」を刊行することにいたしました。

　このたびの刊行は、あくまでも『アクティブ・ラーニング』の趣旨を活かしながら「絵でみる」ことに視点を置いて、新しい企画のもとで刊行するもので、いろいろな「ちからとかたち」について、読者の皆さん自身が絵を描きながら、思考を重ねて頂ければと思います。

　これまでの「ちからとかたち」と同様に、それぞれの教育現場あるいは教育環境に合わせて、活用して頂くことを期待しています。

2013年7月
日本建築学会

プラハ城とカレル橋

本書作成関係委員（五十音順・敬称略）

教材委員会
委員長　石川 孝重
委　員　（省略）

構造入門教材小委員会
主　査　平野 道勝
委　員　石川 孝重　岡田 章　鈴木 秀三　高橋 純一　久木 章江
　　　　藤本 勝成　三井 宜之　南 宏一　望月 重

絵でみるちからとかたち編集ワーキンググループ
主　査　南 宏一
幹　事　石川 孝重
委　員　岡田 章　平田 京子
デザイン・DTP　佐々木 貴子

執筆担当者一覧
1章　建物にかかる「ちから」と「かたち」………… 石川 孝重
2章　力の種類 ………………………………………… 平田 京子　野田 千津子
3章　材料の「つよさ」………………………………… 南 宏一　　根口 百世
4章　力を支える「しくみ」…………………………… 岡田 章　　廣石 秀造
5章　建物にみる「ちから」と「かたち」…………… 岡田 章
6章　社会を支える新しい技術 ………………………… 南 宏一　　根口 百世

目　次

1章　建物にかかる「ちから」と「かたち」　……………… 02
建物にはどんな力がかかっているのだろう？
それに耐えるかたちは？

2章　力の種類　……………………………………………… 08
力ってどんなもの？　どんなはたらきをするのだろう？
力の種類を理解し、力と変形との関係について学習しましょう。

3章　材料の「つよさ」　…………………………………… 14
建物を構成する材料と、その強さについて学習しましょう。

4章　力を支える「しくみ」　……………………………… 20
建物には、常にいろいろな力が加わっています。
建物を構成する部材がどのように力に抵抗するかについて学習しましょう。

5章　建物にみる「ちから」と「かたち」　……………… 26
強くてかたくて美しい建物をできるだけ少ない材料でつくりたい。
こうした人々の夢を叶えるために、いろいろなかたちの「しくみ(構造)」が
生み出されてきました。

6章　社会を支える新しい技術　…………………………… 38
地震や台風に対して建物を安全にするために、
どのような工夫がなされているか学習しましょう。

1 建物にかかる「ちから」と「かたち」

建物にはどんな力がかかっているのだろう？
それに耐えるかたちは？

地球の中心に向かって建物は引っ張られています。これってホント？

地球上のすべての"物"には、地球の中心に引っ張られる、万有引力が作用します。
だから、建物を構成している

柱、梁、耐力壁、床……………………など（主構造体）
窓、非耐力壁・配管、エアコンなどの設備など（二次部材・設備）

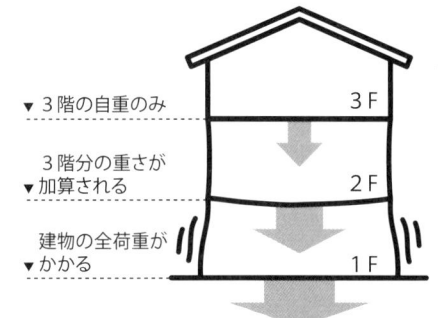

は、地球の中心に向かう力、すなわち鉛直方向の**固定荷重（自重）**が作用します。

したがって、
3階建ての3階は2階→1階に伝わり、
2階の部材は、1階の重さになります。

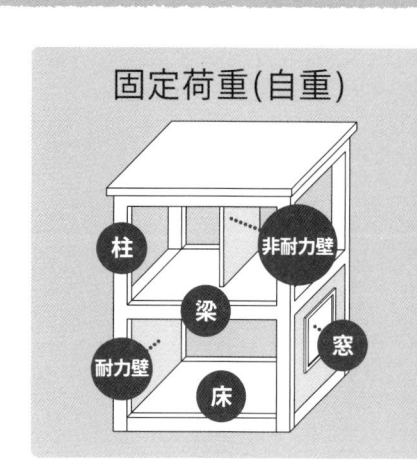

▼3階の自重のみ
▼3階分の重さが加算される
▼建物の全荷重がかかる

固定荷重（自重）
柱／非耐力壁／梁／窓／耐力壁／床

一口メモ ●耐力壁 …地震や風などの水平力に抵抗できる壁　●非耐力壁 …水平力を受け持たない壁

調査してみよう！
ここで、5階建て以上の建物のそれぞれの階の柱の寸法（大きさ）を測ってみよう。
できるだけ仕上材の影響がないところを測るのがポイントです。
一番太い柱は何階にありましたか？

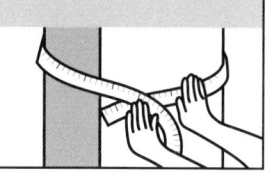

同じように、鉛直方向の力として、

　机、いす、食器だな…………………… など（物品荷重）
　そこに住んで生活していたり、執務している人（人間荷重）

が建物に作用します。これを**積載荷重**といいます。

積載荷重
人／家具

雪荷重

また、引力による力として、屋根に積もった"雪"も
鉛直荷重の仲間です。これを雪荷重といいます。

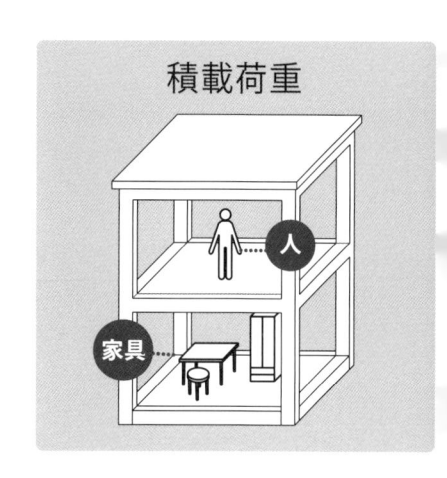

調査してみよう！
あなたの家の物品荷重（積載荷重）にはどんな物がありますか？
具体的に名称と数量とその重さをヘルスメーターで量ってみて、
一覧表にまとめてみましょう。

自分の部屋
机　　　　15kg
いす　　　 3kg
チェスト　10kg
パソコン　 5kg
本棚＋本　35kg
ベッド　　15k

1. 建物にかかる「ちから」と「かたち」

地球の中心へ向かう以外には「ちから」はかからないの？ 建物って壊れないの？

地球の中心に引っ張られる力、鉛直荷重のほかにはどんな力が建物にかかっているのでしょうか？

ほぼ毎年くる台風はどうでしょうか？ 台風などの風は、建物の壁にぶつかると圧力となって、壁を押します。これが風圧力です。風圧力は、通常横方向（水平方向）の外力になります。屋根の形によっては、屋根面を持ち上げる力となる場合があります。

風圧

地震

日本では地震もよく発生します。場所にもよりますが、平均すると100年に1回ぐらいの間隔（再現期間）で震度6とか7の地震が起きることがあります。地震のエネルギーは強く、建物を一瞬にして倒壊させたり、かたむかせたりすることがあります。

1995年に起きた阪神・淡路大震災の被害写真を見てみましょう。

建物は十分な強度がないと、壊れてしまいます。

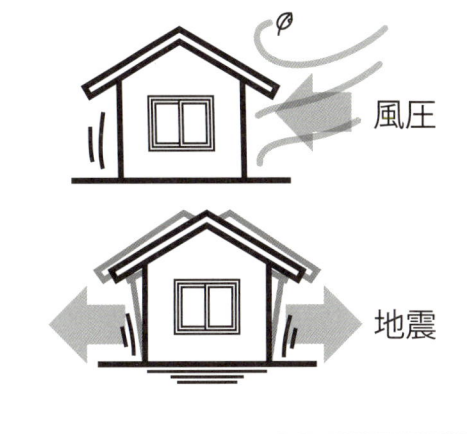

木質構造　　鉄骨構造　　鉄筋コンクリート構造

撮影：石川 孝重

調査してみよう！

インターネットや文献から、日本における地震被害の内容や被害程度、またいつ起きたか、などを調べてまとめましょう。
起こった時代によって、問題になったことや、その対策が調べられると有意義ですね。

今住んでいるところでは過去にどんな地震が起こり、その被害はどのようなものだっただろうか？

建物にかかる「ちから」を整理してみましょう。

設計では風外力と同じように、地震も水平外力のひとつとして扱うことが通常です。鉛直荷重の仲間のように時間による変動がそれほどないものと比べて、これらの外力は時間変動が大きいのが特徴です。

固定荷重・積載荷重・雪荷重は通常は静的荷重とみなしますが、風・地震外力は時間の進行にしたがって力の大きさや方向が変化する動的荷重として扱われます。建物に作用している期間から、常時荷重（長期）、あるいは非常時荷重（短期）と分類することもあります。これらを一覧表にすると右の表のようになります。

荷重外力の一覧

原因による分類	作用期間による分類
固定荷重	常時荷重 （長期）
積載荷重	
雪荷重	
風荷重	非常時荷重 （短期）
地震荷重	
土圧・水圧	常時荷重
振動・衝撃・熱・強制変位	状況による

出典：『構造用教材』第2版（日本建築学会）

一口メモ
●再現期間とは…ある事象が平均的に何年に一度程度起きるかをあらわしたもの

住宅を含めて建物はこれらの荷重外力に抵抗して、建物の内で生活していたり、執務している人たちの、身の安全を図ったり、より快適な空間を提供する必要があります。そのためには、建物の骨組をどのようにしたらいいでしょうか？

皆さんが知っている建築の骨組を使用材料ごとにコンピュータグラフィックスで可視化してみました。荷重外力を建物の骨組を通していかに地面に流すことができるか、しっかりと学んでみましょう。

木質構造

日本の伝統的な構造です。伝統和風・在来軸組構法や枠組壁工法（ツーバイフォー）があります。建物全体の重量が軽く、部材寸法を小さくすることができます。加工が容易で、運搬や組立が比較的簡易であるなど長所がある一方で、湿気に弱く、虫害や腐朽の害を受けやすく、可燃性であるなどの短所があります。

法隆寺五重塔[1]
奈良県生駒郡斑鳩町
7〜8世紀

奈良県斑鳩町に聖徳太子が607年に創建したと伝わる寺院。法隆寺西院伽藍は、7世紀後半〜8世紀初めのものといわれており、約1300年前に建てられた日本最古の木造建築物です。五重塔の心柱は594年に伐採されたヒノキを使用していることが分かっています。

五重塔の心柱は他の部材にほとんど固定されていないのが特徴です。現代の東京スカイツリー（P.43）も、この五重塔のすぐれた耐震性を参考にして設計されました。東京スカイツリーでは、古来より地震に強いとされる五重塔を参考に、塔の中心部にコンクリート製の円柱で「心柱」を構築しました。地震の揺れを塔内で吸収する「制震」というしくみを採用して、地震時や強風時の揺れを軽減する設計になっています。ただし五重塔は各層の軒の出が深く、そのため実際には垂れ下がりも大きかったため、多数のつっかえ棒で支えられていたことが昭和の大修理のときに分かりました。

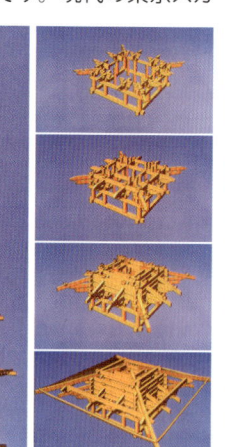

筑波第一小学校体育館[2]
茨城県つくば市
1987年

木造で体育館という大きな空間をつくり出しています。現代では木造で大きな空間をつくる際には集成材を使うのが一般的です。集成材は木の板を接着剤で接着したもので高い強度がありますが、この体育館は集成材ではなく、杉やベイマツを使い、伝統的な構法を応用してつくられているのが特徴です。コンクリートや鉄のように無機質な材料でつくるのではなく、あたたかみのある木材を利用して組み上げた好例です。

1．建物にかかる「ちから」と「かたち」

鋼構造

鋼材は単位重量が小さいため、軽量で粘り強い特性（靱性）があります。ラーメン構造・トラス構造・アーチ構造など多くの構造形式に適用されており、高層建築や大スパン構造が可能です。鋼構造は、経済性、施工性、強靱性にすぐれています。腐食や耐火性能に劣るなどの短所を補うため、表面に塗装をしたり耐火被覆を施す必要があります。

日本航空 成田Aハンガー[3)]
千葉県成田市
1988年

ジャンボジェット機を格納するための柱のない大空間をつくるためのトラス構造の建物です。幅150m、奥行き75m、有効高さ約22mもある鉄骨造の航空機格納庫です。主要構造部材として、開口部中央の柱は角形の鋼管、ほかはすべて丸形の鋼管になっています。屋根はトラス構造（P.26）という三角形を駆使した大空間に適する構造となっており、軽量で大きな空間を無柱で支えられるものになっています。その結果、航空機の翼の端部が接触することなく、2機も同時に格納することができます。

西日本総合展示場[4)]
福岡県北九州市
1977年

土木の橋梁に見られる「吊り橋」や「斜張橋」のような吊り構造が建築にも用いられている特徴的な建物です。この建物は小倉港に突き出した埠頭に建てられるため、周囲の巨大クレーンや倉庫などの風景によりよく溶け込むよう、磯崎新氏が設計しました。材料は引張力に強い鋼材を使っています。屋根は全体的に長方形をしていますが、基本的には同じ形の屋根8ユニットから構成されています。

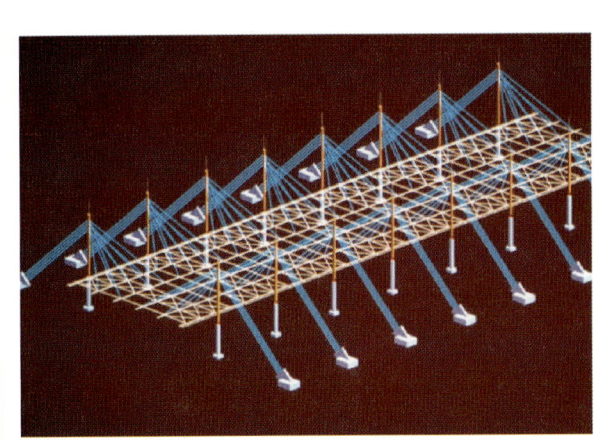

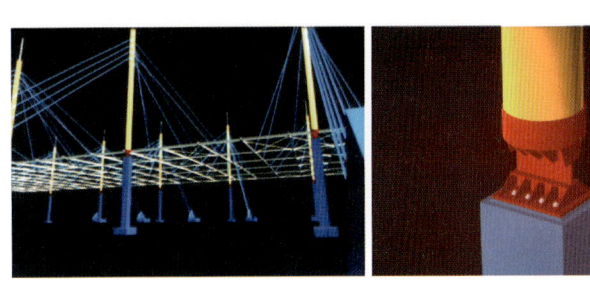

鉄筋コンクリート構造（RC構造）

圧縮力に強いコンクリートと引張力に強い鉄筋を組み合わせた構造です。ＲＣ構造は、耐震性に富み、耐火性も優れ、耐久性に富んでいます。ラーメン構造、壁式構造、コンクリートパネル工法のほか、コンクリートの可塑性を巧みに利用したアーチ構造、折板・シェル構造などが自由に選択できます。

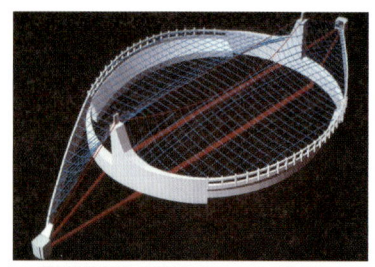

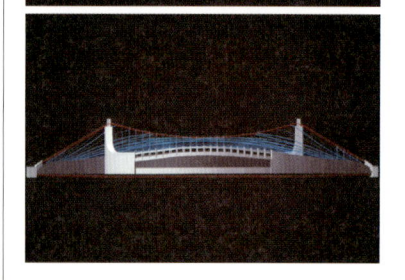

国立代々木競技場第一体育館[5]
東京都渋谷区
1964年

日本を代表する建築家　丹下健三氏が設計したオリンピックのための競技場です。独特な形状の屋根は、多くの若者を建築に引きつけました。構造的には、屋根の部分は吊構造で、ケーブルと補剛けたを利用した橋のようなしくみでできています。設計時には常に模型実験を行ないながら、屋根面の振動、安全性や形状が検討されていました。自由な造形である屋根部分をしっかりと支えるのが鉄筋コンクリート造のどっしりとしたリング状の骨組です。円形や複雑な形状に対応でき、デザインの自由さを実現しています。

海のピラミッド[6]
熊本県宇城市
1990年

九州にある熊本アートポリス計画の一環として設計された葉祥栄氏設計の建物です。骨組をみるとまるで貝殻のようですが平屋で、鉄筋コンクリート造による立体的な造形が特徴です。ガイドとしての柱があり、その間に壁を入れ、スロープという「たが」で締めるというような構成になっており、構造設計者は当初これを「風呂おけみたいだ」といっています。昔の木製の風呂おけは「たが」でばらばらにならないよう締められていますが、そのような構成をしているという意味でしょう。内部に鉄骨を入れて補強してあります。

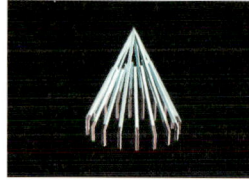

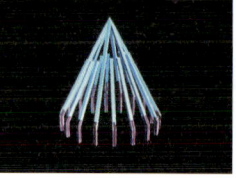

1. 建物にかかる「ちから」と「かたち」

日本建築学会編：建築構造パースペクティブ、1994 より転載

1）法隆寺五重塔
   - 作画……………………インフォマティクス
   - 作画協力………………阿部優（資料提供・作画指導）

2）筑波第一小学校体育館
   - 構造設計………………増田建築構造事務所
   - 建築設計………………山下眞司
   - 作画……………………インフォマティクス

3）日本航空成田Ａハンガー
   - 構造設計………………梓設計
   - 建築設計………………梓設計
   - 作画……………………伊沢久・大谷美子

4）西日本総合展示場
   - 構造設計………………川口衞構造設計事務所
   - 建築設計………………磯崎新アトリエ
   - 作画……………………鈴木伸昭（構造計画研究所）
   - 作画協力………………原田清・半明照三（構造計画研究所）

5）国立代々木競技場第一体育館
   - 構造設計………………坪井善勝研究室
   - 建築設計………………丹下健三研究室＋都市・建築設計研究所
   - 作画……………………日本女子大学石川研究室
   - 作画協力………………インフォマティクス

6）海のピラミッド
   - 構造設計………………草場建築構造計画
   - 建築設計………………葉デザイン事務所
   - 作画……………………平野和彦

2 力の種類

力ってどんなもの？ どんなはたらきをするのだろう？
力の種類を理解し、力と変形との関係について学習しましょう。

力は体を使って感じることができます。

力は目で見ることはできません。目には見えない力のはたらきを、体を使って実感してみましょう。
力を加える方向と、力の感じ方には、どのような関係があるでしょうか？

ひとりでやってみよう！

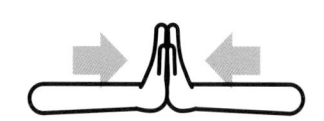

押す力　　左右の手のひらを合わせて押し合うと
　　　　　　お互いの手のひらにどのような力を感じるでしょうか？

引く力　　逆に、左右の手のひらを合わせて引っ張ってみましょう。
　　　　　　今度は、手の指を組んで引っ張ってみましょう。
　　　　　　お互いの手のひらにどのような力を感じるでしょうか？

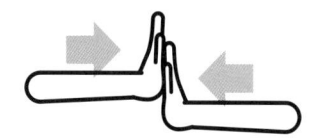

ずらす力　左右の手のひらを合わせて左の腕を下に下げてみましょう。
　　　　　　お互いの手のひらにどのような力を感じるでしょうか？

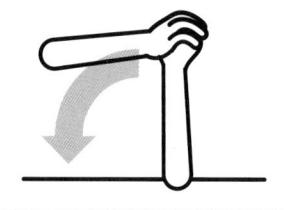

曲げる力　今度はひじをついて、腕をたててみましょう。
　　　　　　手のひらを持って、肘を中心に腕を回転させてみましょう。
　　　　　　このとき、腕にはどのような力を感じるでしょうか？

✏ 一口メモ　力はどうやってあらわしたらいいの？

力には、以下の3つの要素があります。
　①作用点
　②大きさ
　③方向

このような力をあらわすには、矢印 ✐ であらわすと都合がいいのです。
　矢印の出発点（あるいは終点）は力の作用点①をあらわします。
　矢印の長さは力の大きさ②をあらわします。
　矢印の向きは力の方向③をあらわします。

力の3要素
力は矢印であらわすと都合がよい
③方向（矢印の向き）
①作用点
②大きさ（矢印の長さ）

2. 力の種類

みんなでやってみよう！

引く力と押す力を同時に感じてみよう

2人で向かい合って手をつなぎ、足を同じ位置につけて、互いの体重を預けてみましょう。
腕と脚、体には、それぞれどんな力を感じるでしょうか？

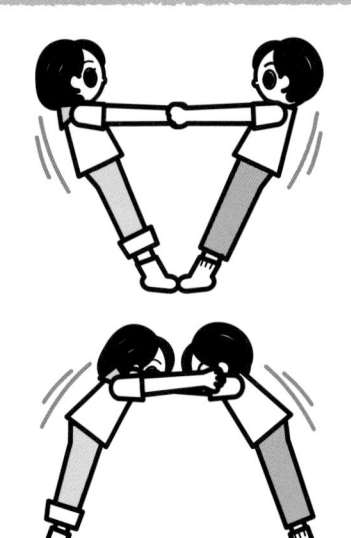

アーチの力を感じてみよう

2人で向かい合って、互いの肩に手をかけます。
離れるように徐々に足を遠ざけていくと、2人の体でアーチをつくることができます。
互いに体重を預けてみると、体にどんな力を感じるでしょうか？

力は物のかたちを変えることができます

このような実験をしてみると、皆さんは手のひらや腕、脚など、体のいろいろな部分に、力を感じることができたでしょう。しかし、力そのものを目で見ることはできません。

目に見えない力を探すとき、手がかりになるのは何でしょうか？ 力は感じることができるだけでなく、様々な物のかたちを変える、つまり変形させることができます。

力の大きさに応じて、変形の大きさも変わります。大きな力を加えれば物は大きく変形し、小さな力を加えれば、物の変形は小さくなります。
また、力の種類によって変形の様子は違います。

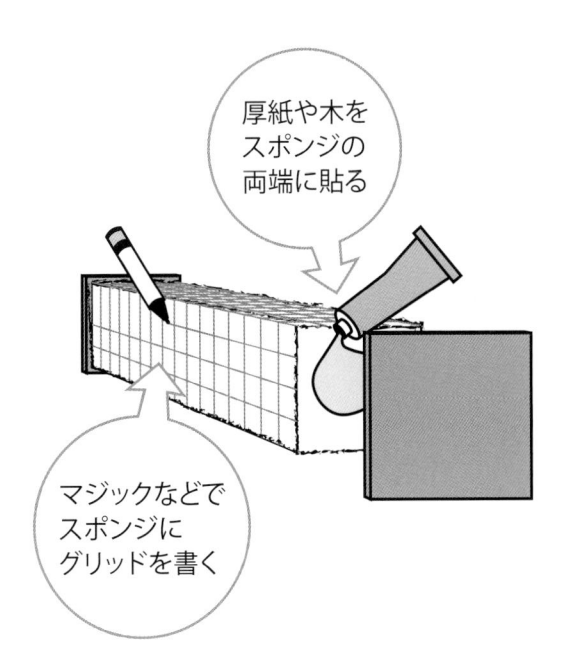

厚紙や木をスポンジの両端に貼る

マジックなどでスポンジにグリッドを書く

均等な材質のスポンジを四角く切り出して、様々な力をかけたときの変形について実験しましょう。
マジックなどで、側面に均等な正方形のグリッドを書いておくと、変形の様子がよく分かります。
底面と上面になる面には、均等に力が加わるように、厚紙や木などを接着剤で貼りつけておきましょう。

実験を通して、力の向きと変形との関係をじっくり観察してみましょう。
さらにその結果を、微小な断面を切り出したときに、断面にはたらく一対の力（断面力）として図解してみました。その図をもとに、力と変形との関係を理解しましょう。

押す力や引っ張る力をかけてみよう！

押してみよう

厚紙が貼ってある面を左右の手で持って、まっすぐに押してみましょう。
この場合、スポンジは少し短めにしておきましょう。

スポンジはどんな変形をしましたか？
側面のグリッドは、均等に縮んでいますか？

力の強さを変えてみると、縮み方は変わってくるでしょうか？

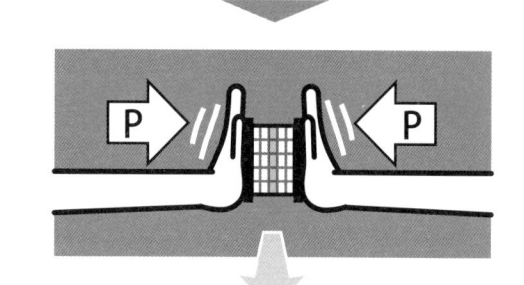

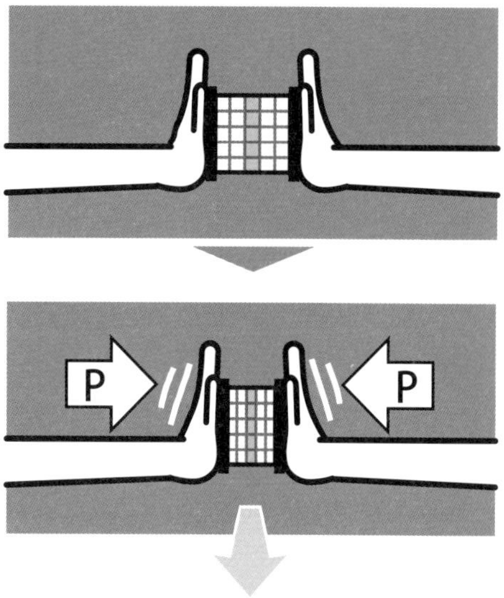

押されているスポンジの微小な断面を取り出して、スポンジにかかる力を図解してみたのが右の図です。
押す力は圧縮力と呼ばれ、ここでは－(マイナス)で表現します。

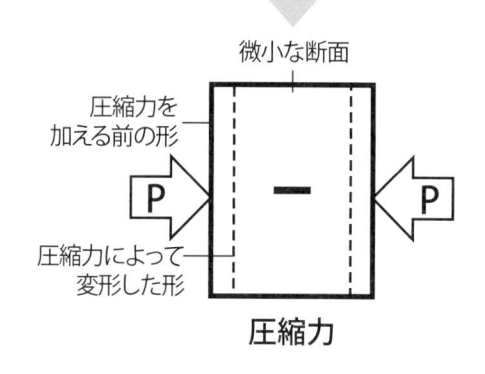

引っ張ってみよう

少し長めのスポンジをつくり、厚紙が貼ってある面を両方から引っ張ってみましょう。

スポンジはどんな変形をしましたか？
側面のグリッドは、均等に伸びていますか？

力の強さを変えてみると、伸び方は変わってくるでしょうか？

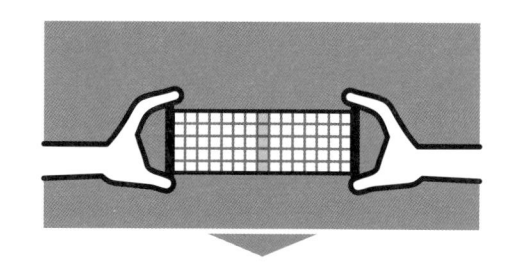

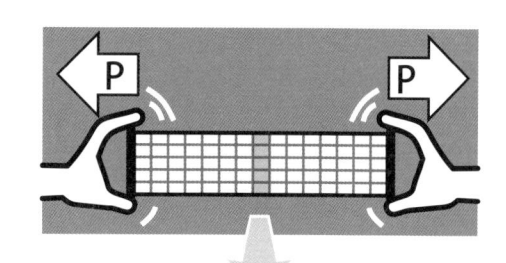

引っ張られているスポンジの微小な断面を取り出して、スポンジにかかる力を図解してみたのが右の図です。
引っ張る力は引張力と呼ばれ、ここでは＋(プラス)で表現します。

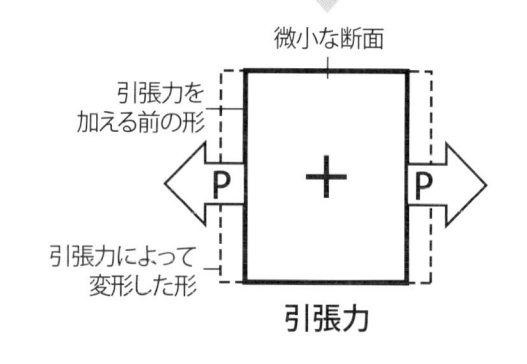

上下にずらす力をかけてみよう!

長めのスポンジをよこにして両端を持ち、それぞれの面を上下にずらしてみましょう。両端の面を垂直に保ったまま、まっすぐ上下にずらすのが大切です。

スポンジはどのような変形をしましたか？

側面のグリッド1つ1つの変形に着目して、よく観察してみましょう。スポンジの長い辺と直角に、上下にずらす力をかけてみると、両端が上下にずれることで、平行四辺形のような形に変わります。

このときのスポンジの微小な断面を取り出して、かかっている力を図解してみると、点線で囲われた図のようになります。

左右の力の組み合わせは、右の図のような2種類になりそれぞれ＋(プラス) －(マイナス)であらわします。

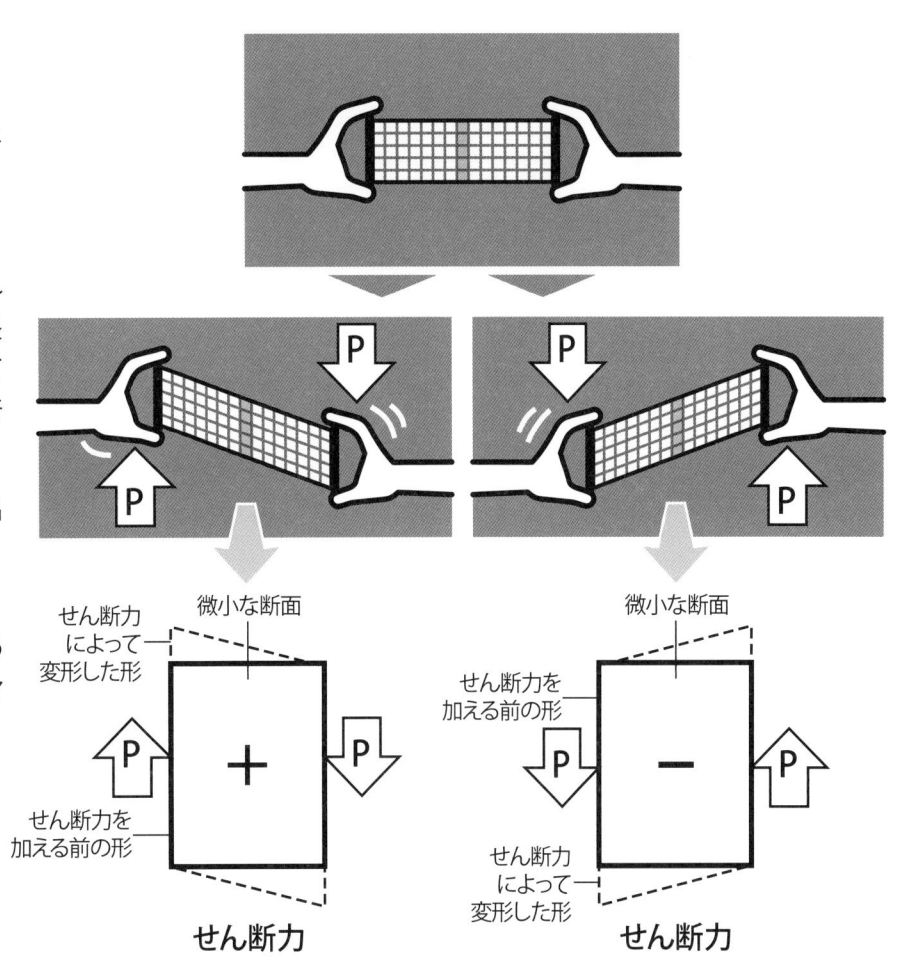

✏️ 一口メモ　断面力とその種類

建築では、上記の力を、物体のある小さな一部分を取り出して、その断面にはたらく力として考えます。
このような力を断面力といい、断面力は大きさが等しく、逆方向の一対の力としてとらえられます。

実は、スポンジの実験の力を図解した図は、この断面力をあらわしたものなのです。

これらの断面力は、次のような3種類に分けられます。覚えておきましょう。
1. **軸方向力（N）**　物体の軸と平行にはたらく力…………押す力（圧縮力）と 引っ張る力（引張力）
2. **せん断力（Q）**　物体の軸と直交方向にはたらく力…………ずらす力
3. **曲げの力（M）**　物体を曲げようとする力………………曲げる力

曲げる力を加えてみよう！

長めのスポンジをよこにして、両端を持ち、上に凸の形になるように、あるいは逆に、下に凸の形になるように曲げてみましょう。

スポンジはどんな変形をしましたか？
側面のグリッドの変形は、上側と下側で違うでしょうか？　よく観察してみましょう。

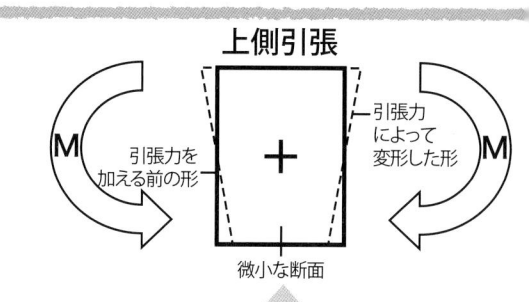

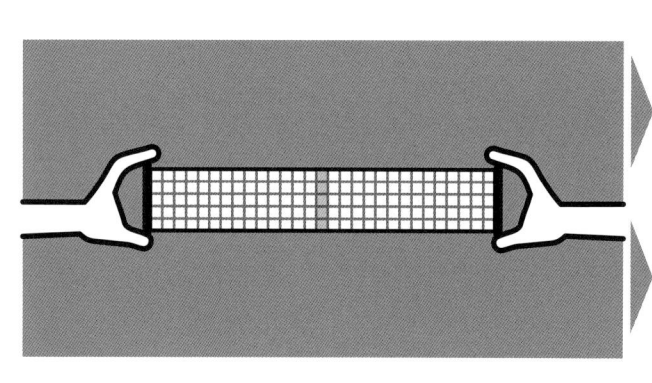

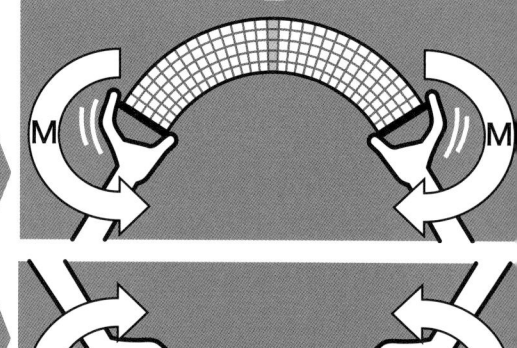

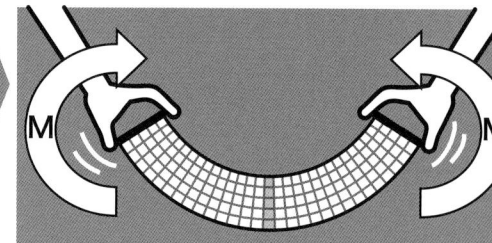

スポンジの両端をもって、曲げる力をかけると、引っ張られる側が伸び、その逆が縮んで扇形のような形にかわります。

スポンジから微小な断面を取り出して、これらの曲げる力を図解してみると、それぞれ上側引張・下側引張の図のようになります。

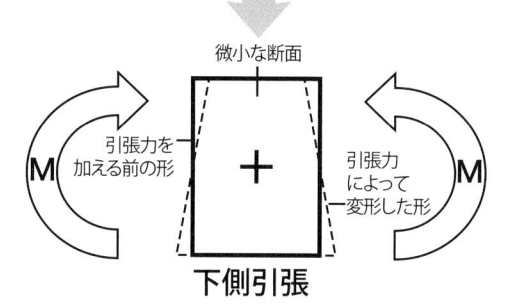

建物を安全にするには力がつりあっていなければなりません。

建物の中にいる皆さんが安全に暮らすためには、建物が力をうけたときに、変形してしまっては困ります。
物が壊れたり、動いたりせず、静止した安全な状態を保っているためには、力がつりあっていることが必要です。

力がつりあっている場合は安全な状態です
力がつりあっていない場合は壊れてしまいます

では、力がつりあっているというのはどのような状態でしょうか？
例えば、左向きの力と右向きの力が同じ大きさであれば、両方の力の効果は相殺されて、力の効果の合計（合力といいます）は0になります。
このような状態を、力がつりあっている状態であるといいます。

2．力の種類

では、力がつりあっているというのはどのような状態でしょうか？

例えば、力が一直線上にある場合は、左図のように左向きの力と右向きの力が同じ大きさであれば、両方の力の効果は相殺されて、力の効果の合計（合力といいます）は0になります。このような状態を、力がつりあっている状態であるといいます。

同じ直線上に力が並んでいない場合は、左向きの力と右向きの力がたとえ同じ大きさであっても、この一組の力により回転する力（偶力）が生じます。このような回転を生じさせないことも力のつりあいの重要な条件になります。

逆方向の同じ大きさの力の和（合力）はゼロになる

逆に、物の強さに比べて、外からかかる力（外力）が大きくなりすぎてしまったときに、力のつりあいがとれなくなり、物は壊れてしまうのです。

3 材料の「つよさ」

建物を構成する材料と、その強さについて学習しましょう。

住居と住居の材料

人間は、誕生してから今までずっと体を保護するための住居をつくり続けてきました。そしてまたこれからも人間がこの大地で生活する限りつくり続けるでしょう。

人間が狩猟社会から農耕社会へ、そして近世社会、現代社会へと推移した間にもいろいろな住居の歴史があります。それらの住居には、それぞれの住居がつくられた地球上の環境に応じていろいろな材料が使われてきました。

いろいろな材料でつくられた家

木の家（登呂遺跡 静岡県）

石の家（聖十字架教会ロトンダ プラハ）

レンガの家（マケドニアの住宅 スコピエ）

コンクリートの家（サヴォア邸 ポワジー）

皮の家（ゲル モンゴル）

氷の家（イグルー カナダ）

鉄の家（ダンシング・ハウス プラハ）

ガラスの家[1]（オージー技研 鳥栖市）

紙の家（仮設住宅 トルコ）

撮影：南 宏一　石川 孝重（サヴォア邸）

材料に求められる性質

いろいろな荷重や外力によって、住居を構成する部材にはいろいろな断面力が発生します。その断面力に耐えられる性質をもった材料を選択することが必要です。

材料と力の作用に対する性質　　それぞれの力に対する適用が　○(できる)　△(すこしできる)　×(ほとんどできない)

力学的作用	木	竹	粘土	石	レンガ	コンクリート	紙	鉄	アルミニウム	ガラス
圧縮力	○	○	○	○	○	○	×	○	○	○
引張力	○	○	×	×	×	×	○	○	○	△
せん断力	○	○	△	△	△	△	×	○	○	○
曲げ	○	○	×	×	×	×	×	○	○	○
ねじり	○	○	×	×	×	△	×	○	○	○

現代建築に用いられる主要な材料

木	木質構造
コンクリート	鉄筋コンクリート構造（鉄筋と組み合わせた合成構造として機能を発揮する）
鉄	鋼構造
土	土構造（建築ではあまり使われないが、土木構造では使われる）

人間が持つ『力感』とは？

人間は、構造物に力のはたらきを感じることができるといわれ、ある文献ではそれを『力感』と呼んでいます[2)～4)]。

人間は、構造物にはたらく力に抵抗できる構造物のあり方を絶えず模索してきました。そして様々な材料の特性を生かした構造物が創造されてきました。

例えば、土や石は曲げの力に弱く圧縮力に強い材料であることを知り、組積造に利用しました。また、木や鉄を使用して骨組構造を生み出しました。これは、人間には組積造におけるアーチの作用や、梁や柱における曲げの作用を、直感的・経験的に把握できる能力が備わっていたからだと考えられています。その中でも重力の作用に対する『力感』は、常に重力の中で生活し、その作用を体験することでおのずと身についたと思われます。

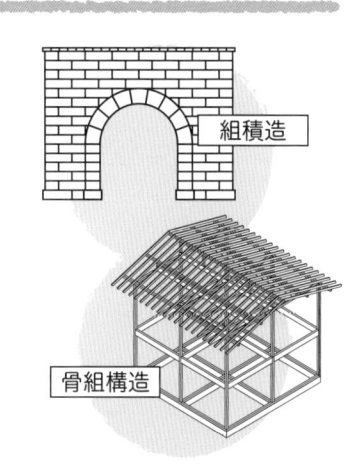

組積造

骨組構造

材料に求められる機能

安全	構造上の耐力(つよさ)。常時荷重(自重、積載荷重)、地震力、風荷重、水害、津波、その他の外力に対する安全性
機能	音、光、熱、空気、水、湿気などに対する諸機能
健康	建築計画や設備による人間の健康上の効用や快適性、居住性
美	デザイン上の美的効果や景観
経済	設計、建設、その後の維持管理、補修などにかかる費用

一口メモ

古代ローマ時代の城郭の設計者 Vitruvius（ウィトルーウィウス）は建築十書の中で建築の三大要素は『強・用・美』であると述べている。[5)]

構造部材のこわれ方

構造部材のこわれ方は、構造部材にかかった力の種類や、使用される場所、材料によって異なります。
それぞれの特徴的なこわれ方を観察しましょう。

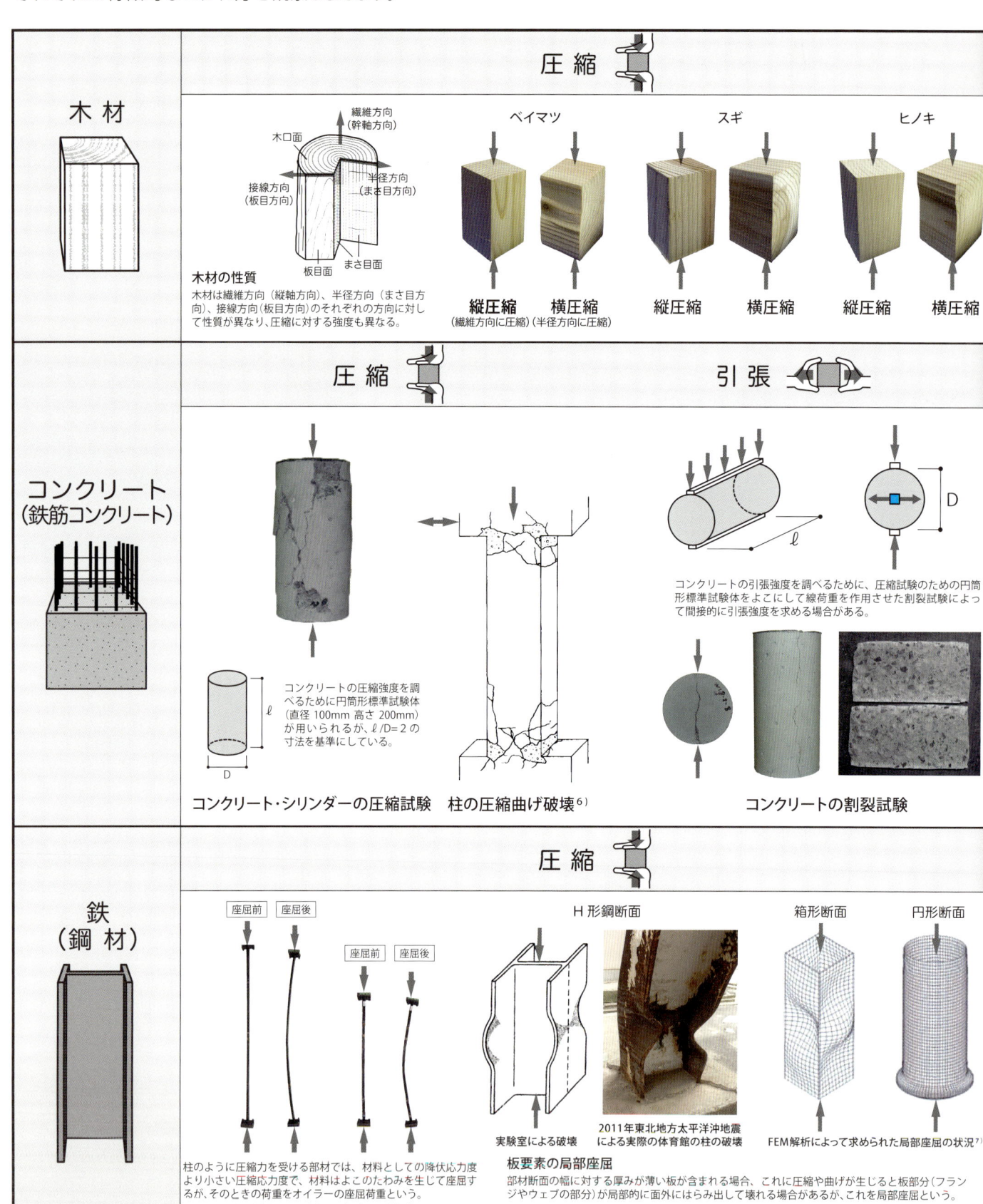

木材

圧縮

木材の性質
木材は繊維方向（縦軸方向）、半径方向（まさ目方向）、接線方向（板目方向）のそれぞれの方向に対して性質が異なり、圧縮に対する強度も異なる。

ベイマツ：縦圧縮（繊維方向に圧縮）／横圧縮（半径方向に圧縮）
スギ：縦圧縮／横圧縮
ヒノキ：縦圧縮／横圧縮

コンクリート（鉄筋コンクリート）

圧縮

コンクリートの圧縮強度を調べるために円筒形標準試験体（直径100mm 高さ200mm）が用いられるが、ℓ/D=2 の寸法を基準にしている。

コンクリート・シリンダーの圧縮試験　　**柱の圧縮曲げ破壊**[6]

引張

コンクリートの引張強度を調べるために、圧縮試験のための円筒形標準試験体をよこにして線荷重を作用させた割裂試験によって間接的に引張強度を求める場合がある。

コンクリートの割裂試験

鉄（鋼材）

圧縮

柱のように圧縮力を受ける部材では、材料としての降伏応力度より小さい圧縮応力度で、材料はよこのたわみを生じて座屈するが、そのときの荷重をオイラーの座屈荷重という。

山形鋼の長柱の中心圧縮座屈

部材断面の幅に対する厚みが薄い板が含まれる場合、これに圧縮や曲げが生じると板部分（フランジやウェブの部分）が局部的に面外にはらみ出して壊れる場合があるが、これを局部座屈という。

H形鋼断面：実験室による破壊／2011年東北地方太平洋沖地震による実際の体育館の柱の破壊
箱形断面／円形断面：FEM解析によって求められた局部座屈の状況[7]

短柱の局部座屈

3．材料の「つよさ」

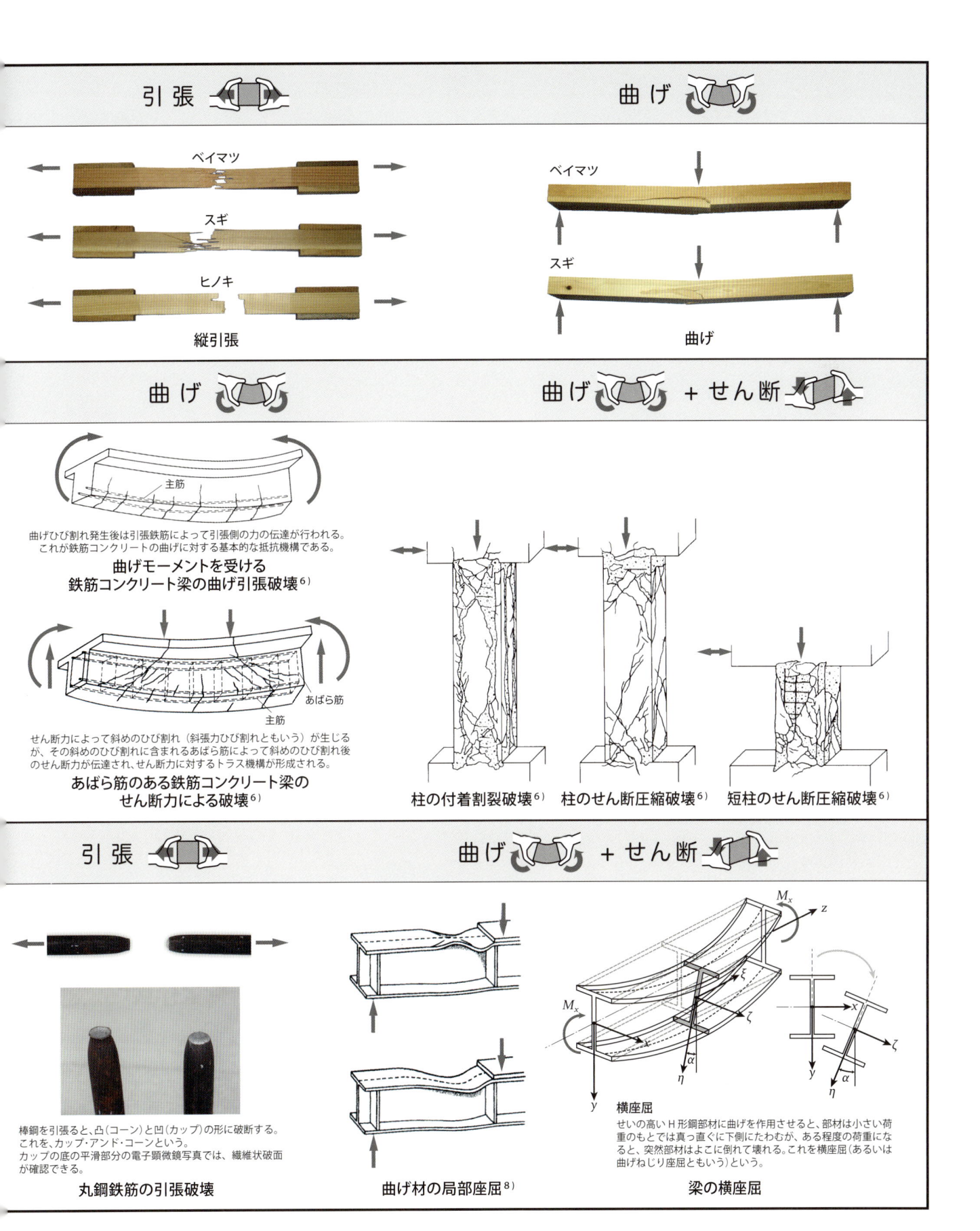

引張

ベイマツ
スギ
ヒノキ

縦引張

曲げ

ベイマツ
スギ

曲げ

曲げ

主筋

曲げひび割れ発生後は引張鉄筋によって引張側の力の伝達が行われる。これが鉄筋コンクリートの曲げに対する基本的な抵抗機構である。

**曲げモーメントを受ける
鉄筋コンクリート梁の曲げ引張破壊**[6]

あばら筋
主筋

せん断力によって斜めのひび割れ（斜張力ひび割れともいう）が生じるが、その斜めのひび割れに含まれるあばら筋によって斜めひび割れ後のせん断力が伝達され、せん断力に対するトラス機構が形成される。

**あばら筋のある鉄筋コンクリート梁の
せん断力による破壊**[6]

曲げ＋せん断

柱の付着割裂破壊[6]　　**柱のせん断圧縮破壊**[6]　　**短柱のせん断圧縮破壊**[6]

引張

棒鋼を引張ると、凸（コーン）と凹（カップ）の形に破断する。これを、カップ・アンド・コーンという。
カップの底の平滑部分の電子顕微鏡写真では、繊維状破面が確認できる。

丸鋼鉄筋の引張破壊

曲げ＋せん断

曲げ材の局部座屈[8]

M_x
z
ξ
M_x
x
α
η
y

横座屈

せいの高いH形鋼部材に曲げを作用させると、部材は小さい荷重のもとでは真っ直ぐに下側にたわむが、ある程度の荷重になると、突然部材はよこに倒れて壊れる。これを横座屈（あるいは曲げねじり座屈ともいう）という。

梁の横座屈

地震・風・雪による建築物の被害

地震による被害

地震の揺れによる被害にあった建物

混構造

6階部分がつぶれた8階建ビル
1〜5.5階まで鉄骨鉄筋コンクリート構造
5.5〜8階まで鉄筋コンクリート構造
1995年 兵庫県南部地震

建物5層部分の中間層崩壊が起こったSRC造9階建ビル
1995年 兵庫県南部地震

木質構造

柱と梁の接合不良のため大傾斜した建物[9]
1995年 兵庫県南部地震

柱と筋違が土台から外れた建物[9]
1995年 兵庫県南部地震

鋼構造

柱―梁接合部の損傷（梁端部の破断）
1995年 兵庫県南部地震

変形（残留水平変形）した鉄骨造の建物
1995年 兵庫県南部地震

ブレースが座屈した建物
1995年 兵庫県南部地震

鉄筋コンクリート構造（RC構造）

1階柱頭部に曲げ破壊が起こった7階建集合住宅[9]
1995年 兵庫県南部地震

短柱のせん断破壊
1995年 兵庫県南部地震

柱のせん断破壊が起こった高等学校校舎
1968年 十勝沖地震

3. 材料の「つよさ」

液状化の被害にあった建物

鉄筋コンクリート構造（RC構造）

地盤の液状化によって倒壊した集合住宅群
1964年　新潟地震　　写真：新潟日報社 提供

津波の被害にあった建物

鋼構造

津波によって転倒した建物
2011年　東北地方太平洋沖地震

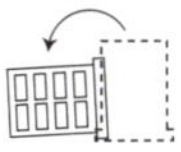

木質構造

津波による被害を受けた木造住宅
2011年　東北地方太平洋沖地震

雪による被害

木質構造

積雪による屋根の被害を生じた校舎
1981年　五六豪雪

積雪による屋根の被害を生じた住宅
1981年　五六豪雪

鋼構造

雪の重みで屋根が崩落した鉄骨造体育館
1981年　五六豪雪

風による被害

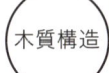

能舞台立面図

台風により倒壊した
宮島・厳島神社の能舞台[10]
1991年　台風9119号

鋼構造

竜巻の被害を受けた住宅
2012年5月

木質構造

竜巻の被害を受けた住宅
2012年5月

<参考資料>
1) スチールデザイン，No.21，一般社団法人日本鉄鋼連盟，2013年3月
2) 横尾義貫：力感論覚え書，カラム，No.24，pp.7-10，1967年
3) 高橋慶夫：建築はどこまで高くできるか。「力を目でみる」，都市文化社，pp.78-87，1987年8月
4) 田口武一：建物とストレスの話，「棒や板の曲げについて考える」，井上書店，pp.26-41，1985年10月
5) 森田慶一：ウィトルーウィウス建築書，東海大学出版会，1979年9月
6) 日本建築学会：構造用教材，丸善，p.38，1985年4月
7) 日本建築学会：構造用教材，2013年発刊予定
8) 日本建築学会関東支部：鉄骨構造の設計　学びやすい構造設計シリーズ，2005年1月
9) 日本建築学会，土木学会編：1995年阪神・淡路大震災スライド集，丸善，1995年7月
10) 花井正実，三浦正幸，玉井宏章：台風9119号による宮島・厳島神社の被害について，日本建築学会構造系論文報告集，第447号，pp.149-158，1993年5月

4 力を支える「しくみ」

建物には、常にいろいろな力が加わっています。
建物を構成する部材がどのように力に抵抗するかについて学習しましょう。

建物をつくる部材と建物のしくみ

建物はいろいろな部材からつくられています。これらの部材は集まることで、いろいろな力に抵抗しています。

建物のしくみ

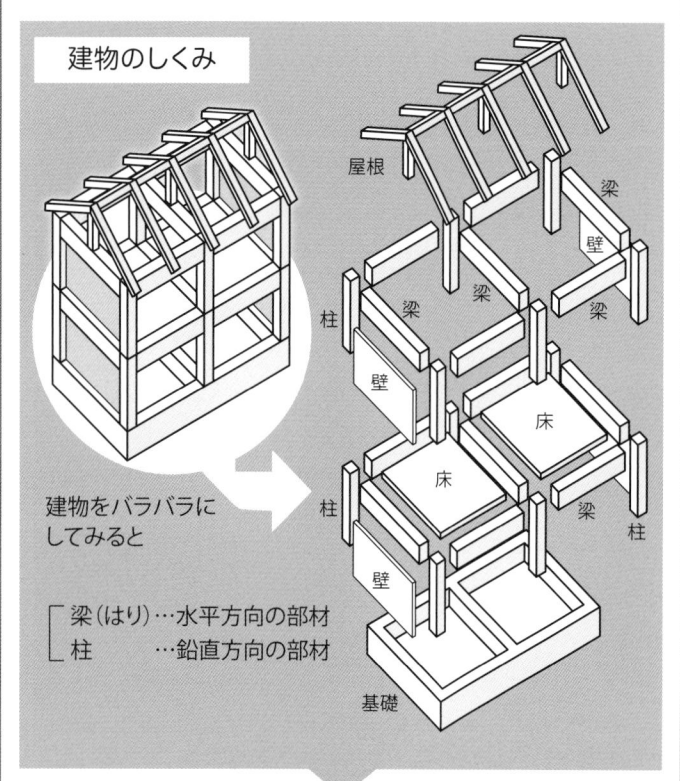

建物をバラバラにしてみると

- 梁（はり）…水平方向の部材
- 柱　　　　…鉛直方向の部材

屋根／梁／壁／柱／床／基礎

上からの力

人が乗ると…
床 → 梁 → 柱 → 基礎 → 地面の順で力が伝わっていく

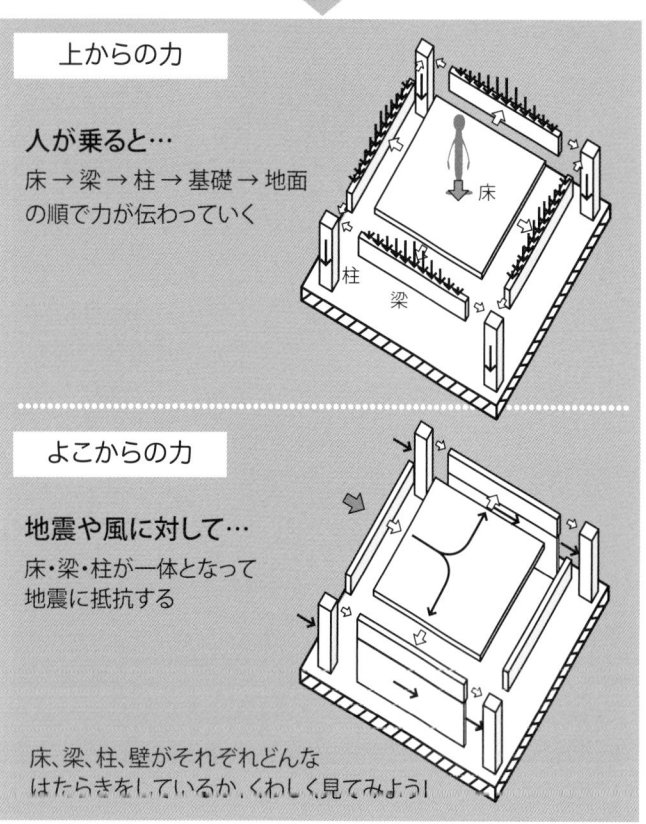

よこからの力

地震や風に対して…
床・梁・柱が一体となって地震に抵抗する

床、梁、柱、壁がそれぞれどんなはたらきをしているか、くわしく見てみよう！

ラーメン

最初に建物を形づくる基本的な骨組としてラーメンを見てみましょう。ラーメンは2つの部材、梁（はり）と柱から形成されています。

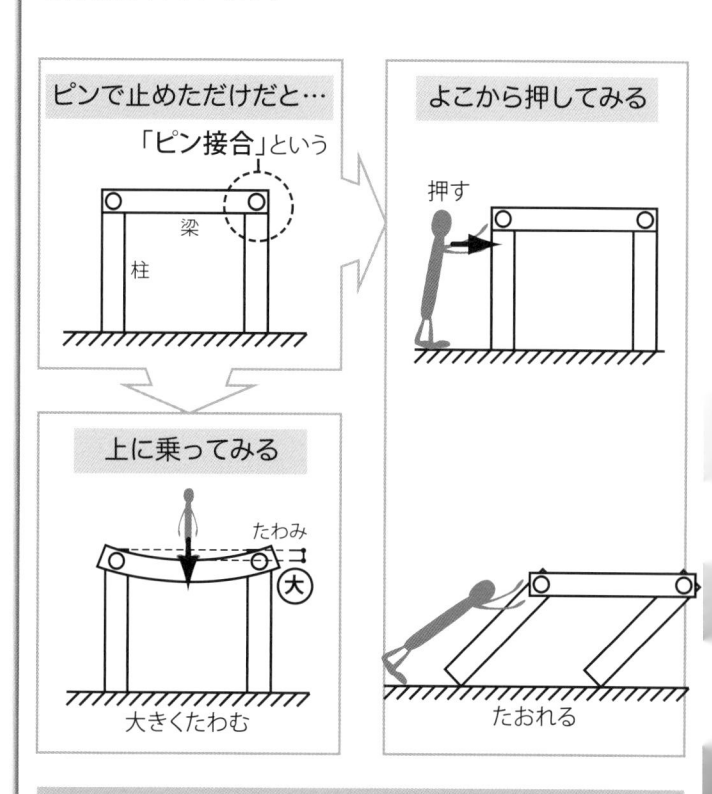

ピンで止めただけだと…
「ピン接合」という

よこから押してみる
押す → たおれる

上に乗ってみる
たわみ（大）→ 大きくたわむ

ラーメン構造

部材同士の接合をしっかり止めると「剛（ごう）接合」という

ラーメン構造とは…
- 柱と梁からなる
- 柱と梁が**剛接合**

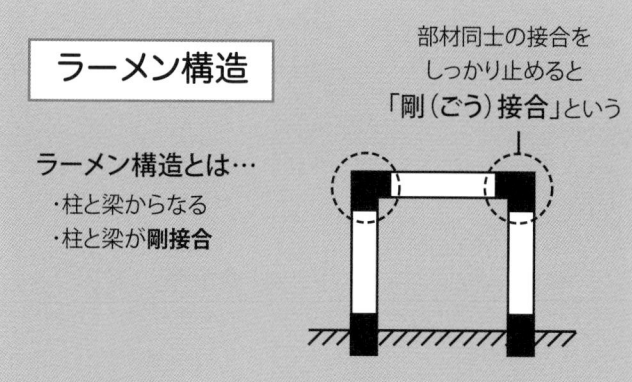

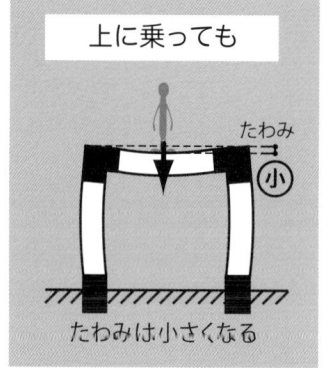

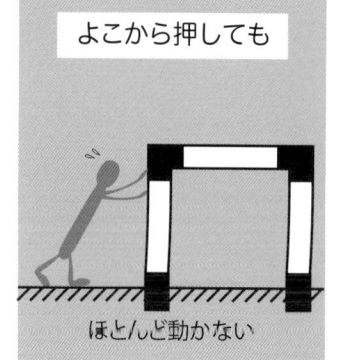

上に乗っても
たわみ（小）→ たわみは小さくなる

よこから押しても
ほとんど動かない

4．力を支える「しくみ」

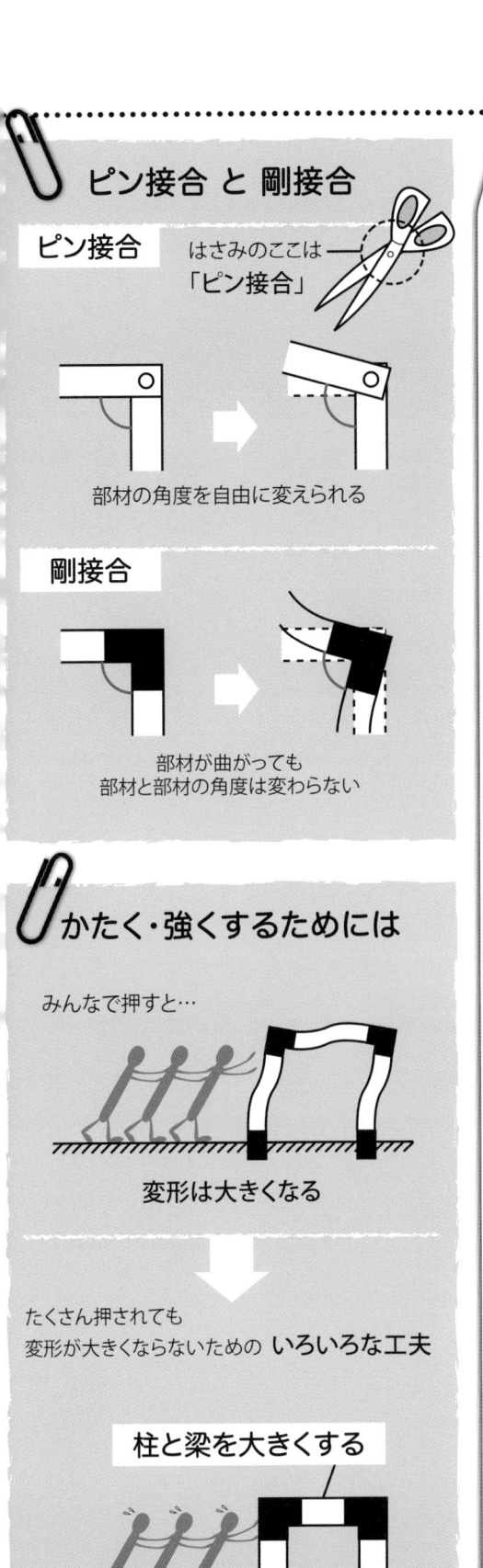

ピン接合 と 剛接合

ピン接合
はさみのここは「ピン接合」

部材の角度を自由に変えられる

剛接合
部材が曲がっても部材と部材の角度は変わらない

かたく・強くするためには

みんなで押すと…

変形は大きくなる

たくさん押されても変形が大きくならないための **いろいろな工夫**

柱と梁を大きくする

壁を追加する

梁（はり）

梁（はり）は、柱の上部をつなぎ水平方向にかけられた部材です。いろいろな力に対して曲がりながら抵抗して、力を柱に伝える役割を持っています。

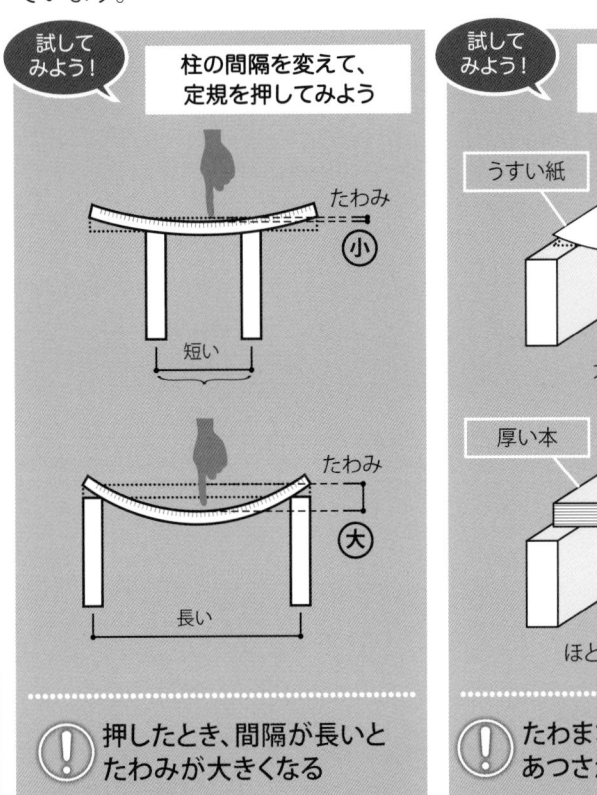

試してみよう！ 柱の間隔を変えて、定規を押してみよう

- 短い → たわみ 小
- 長い → たわみ 大

⚠ 押したとき、間隔が長いとたわみが大きくなる

柱と柱の間隔のことを「**スパン**」という

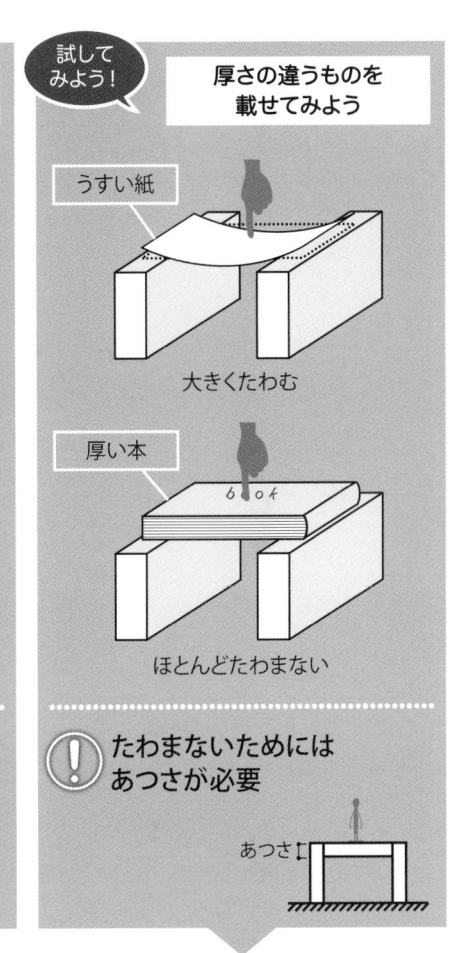

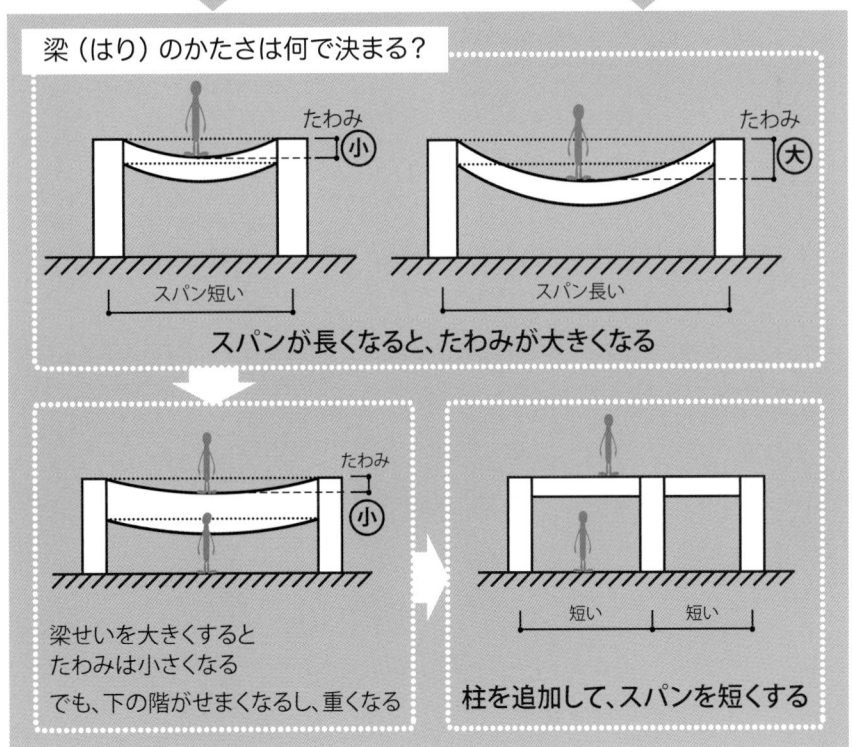

試してみよう！ 厚さの違うものを載せてみよう

- うすい紙 → 大きくたわむ
- 厚い本 → ほとんどたわまない

⚠ たわまないためにはあつさが必要

あつさ

梁（はり）のかたさは何で決まる？

- スパン短い → たわみ 小
- スパン長い → たわみ 大

スパンが長くなると、たわみが大きくなる

梁せいを大きくするとたわみは小さくなる

でも、下の階がせまくなるし、重くなる

→ 柱を追加して、スパンを短くする（短い・短い）

柱

鉛直方向の部材である柱は、屋根や床が支えた力を基礎に伝えるだけではありません。
水平方向の力に対しても曲がりながら抵抗します。

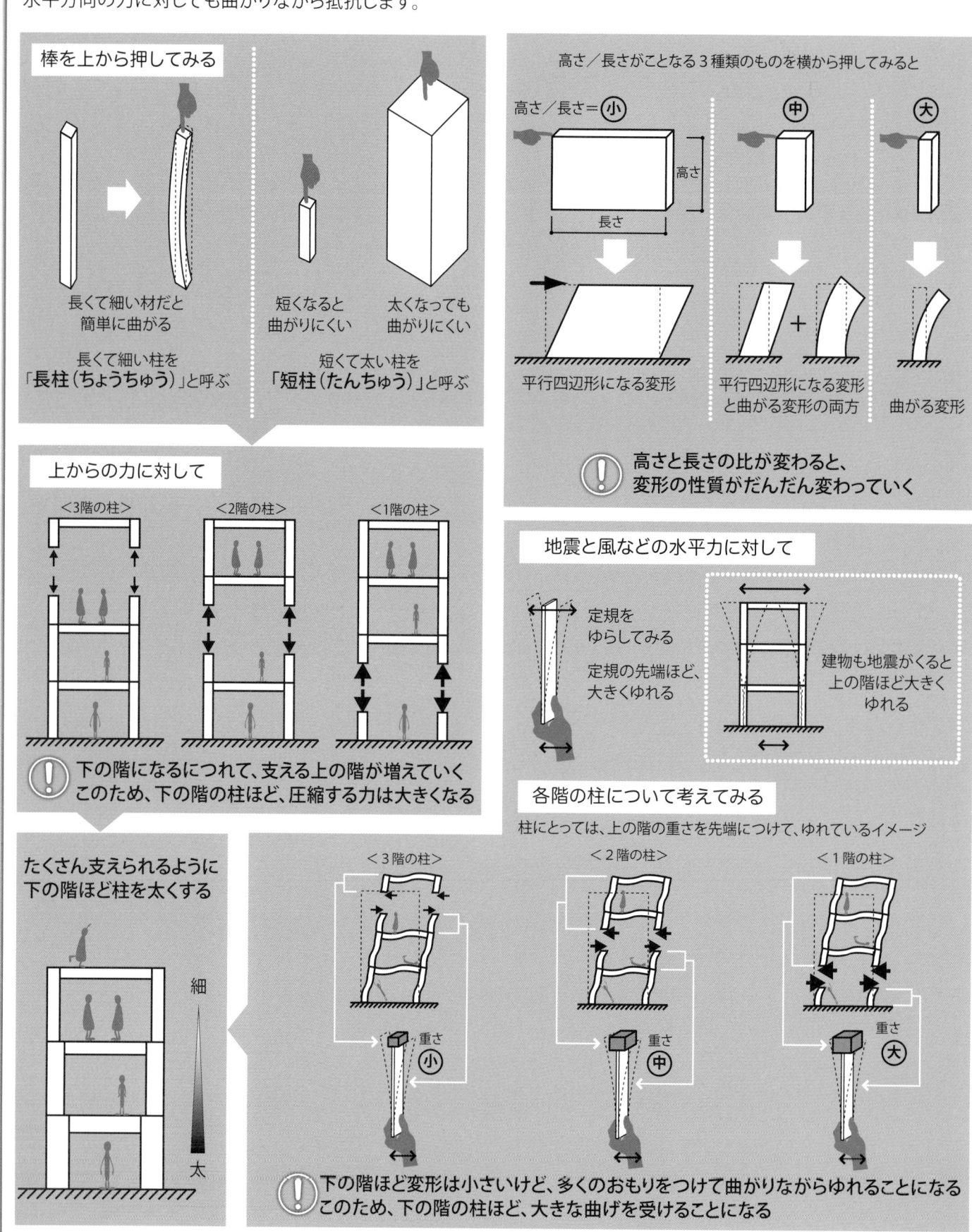

棒を上から押してみる

長くて細い材だと簡単に曲がる
短くなると曲がりにくい
太くなっても曲がりにくい

長くて細い柱を「**長柱（ちょうちゅう）**」と呼ぶ
短くて太い柱を「**短柱（たんちゅう）**」と呼ぶ

高さ／長さがことなる3種類のものを横から押してみると

高さ／長さ＝ 小 ／ 中 ／ 大

平行四辺形になる変形
平行四辺形になる変形と曲がる変形の両方
曲がる変形

⚠️ 高さと長さの比が変わると、変形の性質がだんだん変わっていく

上からの力に対して

＜3階の柱＞　＜2階の柱＞　＜1階の柱＞

⚠️ 下の階になるにつれて、支える上の階が増えていく
このため、下の階の柱ほど、圧縮する力は大きくなる

たくさん支えられるように下の階ほど柱を太くする

細 ─ 太

地震と風などの水平力に対して

定規をゆらしてみる
定規の先端ほど、大きくゆれる
建物も地震がくると上の階ほど大きくゆれる

各階の柱について考えてみる

柱にとっては、上の階の重さを先端につけて、ゆれているイメージ

＜3階の柱＞ 重さ 小
＜2階の柱＞ 重さ 中
＜1階の柱＞ 重さ 大

⚠️ 下の階ほど変形は小さいけど、多くのおもりをつけて曲がりながらゆれることになる
このため、下の階の柱ほど、大きな曲げを受けることになる

基 礎

基礎は、建物に加わる力を安全に地盤に伝える部材です。いいかえれば、建物を地盤に固定するための足のようなはたらきをします。

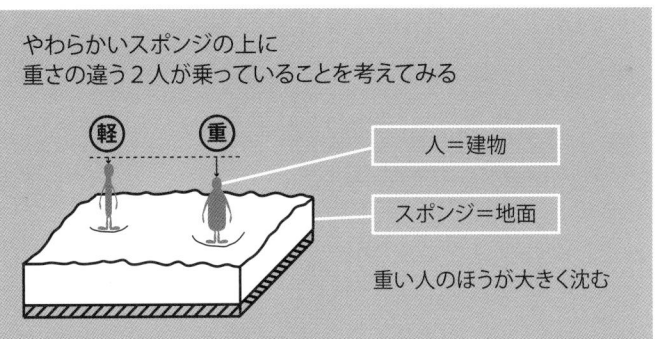

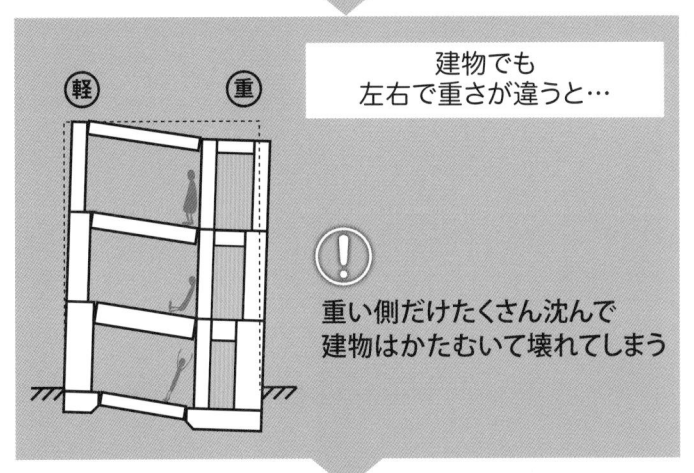

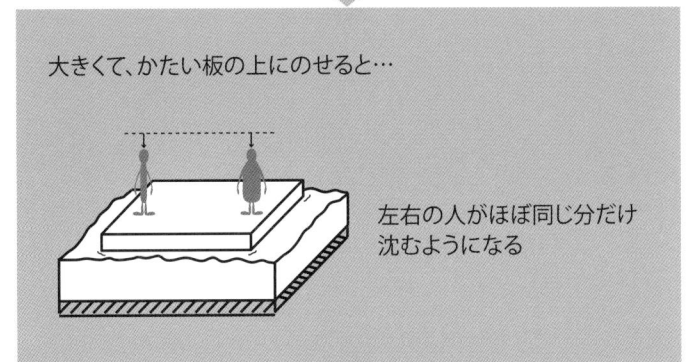

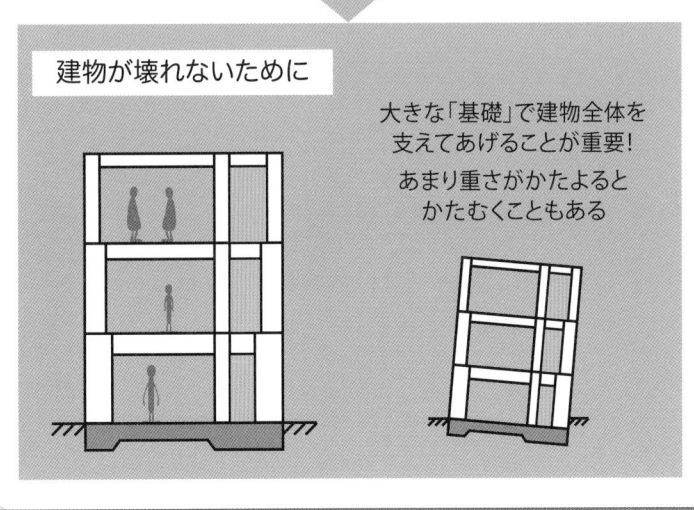

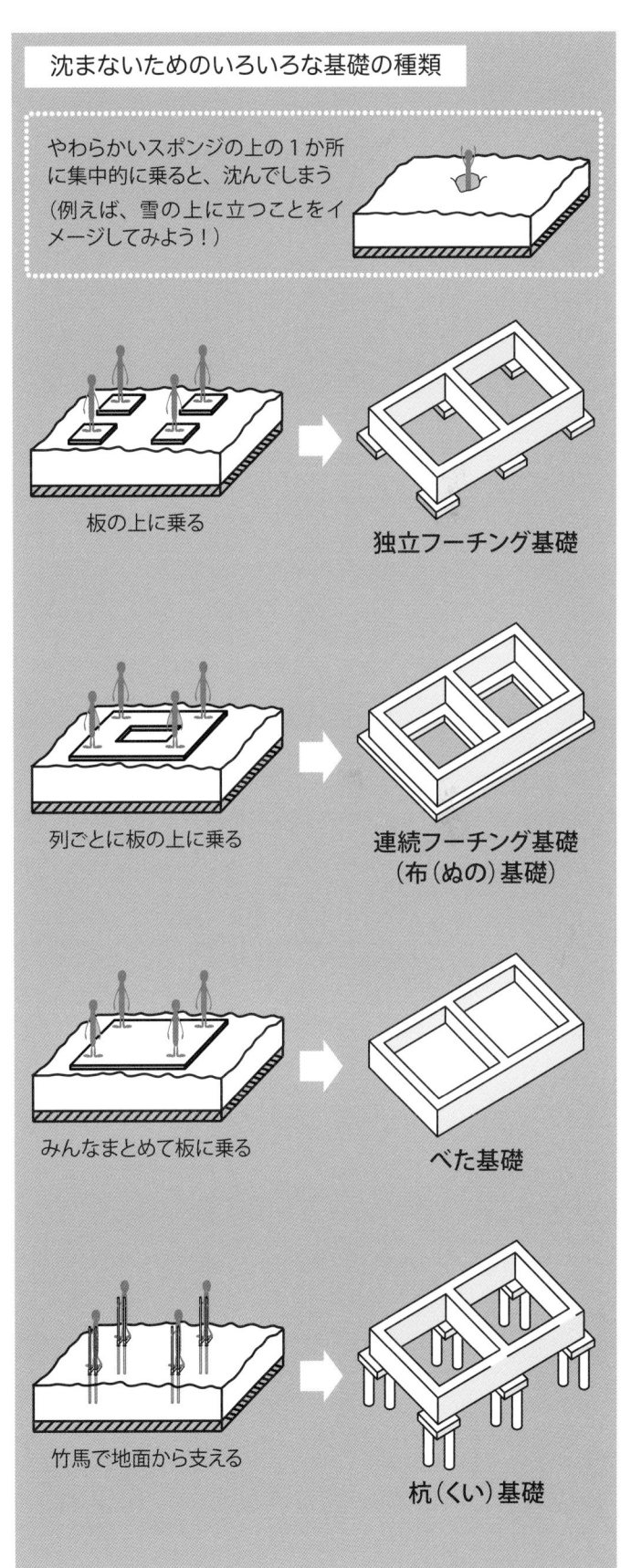

やわらかいスポンジの上に重さの違う2人が乗っていることを考えてみる

- 人=建物
- スポンジ=地面

重い人のほうが大きく沈む

建物でも左右で重さが違うと…

⚠ 重い側だけたくさん沈んで建物はかたむいて壊れてしまう

大きくて、かたい板の上にのせると…

左右の人がほぼ同じ分だけ沈むようになる

建物が壊れないために

大きな「基礎」で建物全体を支えてあげることが重要！
あまり重さがかたよるとかたむくこともある

沈まないためのいろいろな基礎の種類

やわらかいスポンジの上の1か所に集中的に乗ると、沈んでしまう
（例えば、雪の上に立つことをイメージしてみよう！）

板の上に乗る → **独立フーチング基礎**

列ごとに板の上に乗る → **連続フーチング基礎（布（ぬの）基礎）**

みんなまとめて板に乗る → **べた基礎**

竹馬で地面から支える → **杭（くい）基礎**

床

床の役目には大きく2つあります。1つは、床の上の私たちや家具などの重量をしっかり支え、梁にその力を流すはたらきです。もう1つは、地震や風などの水平の力に対して発揮されます。

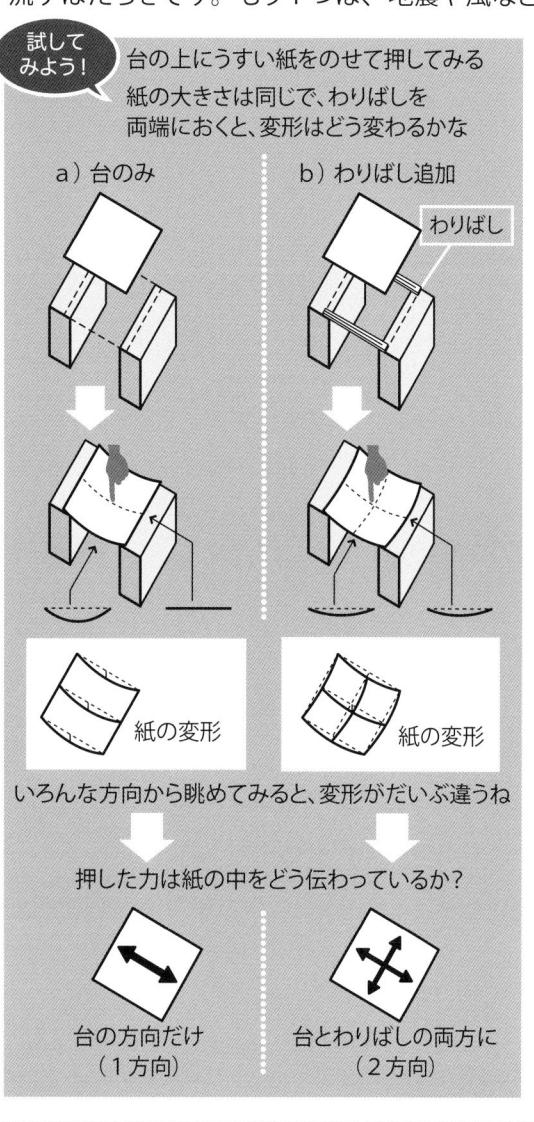

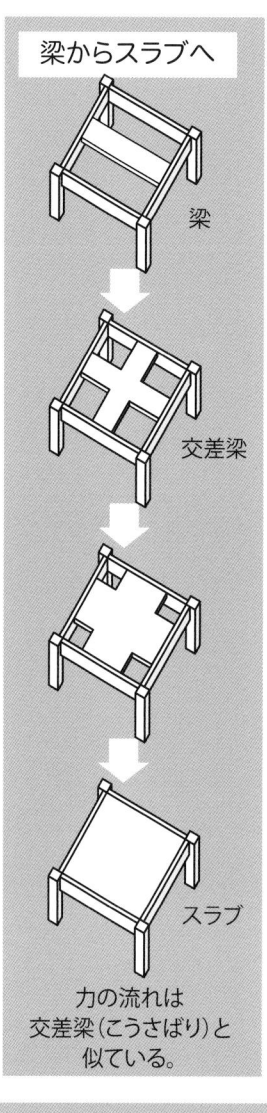

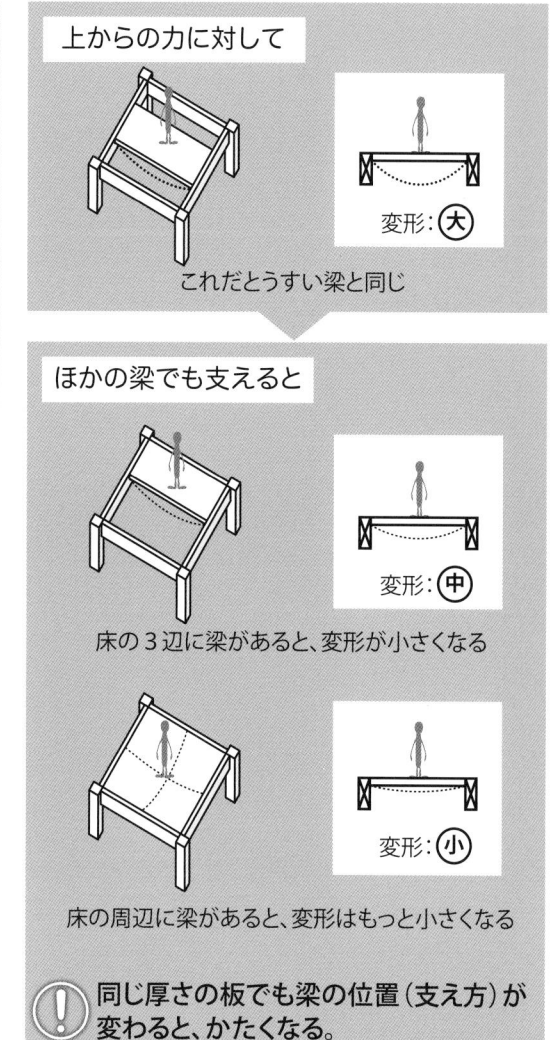

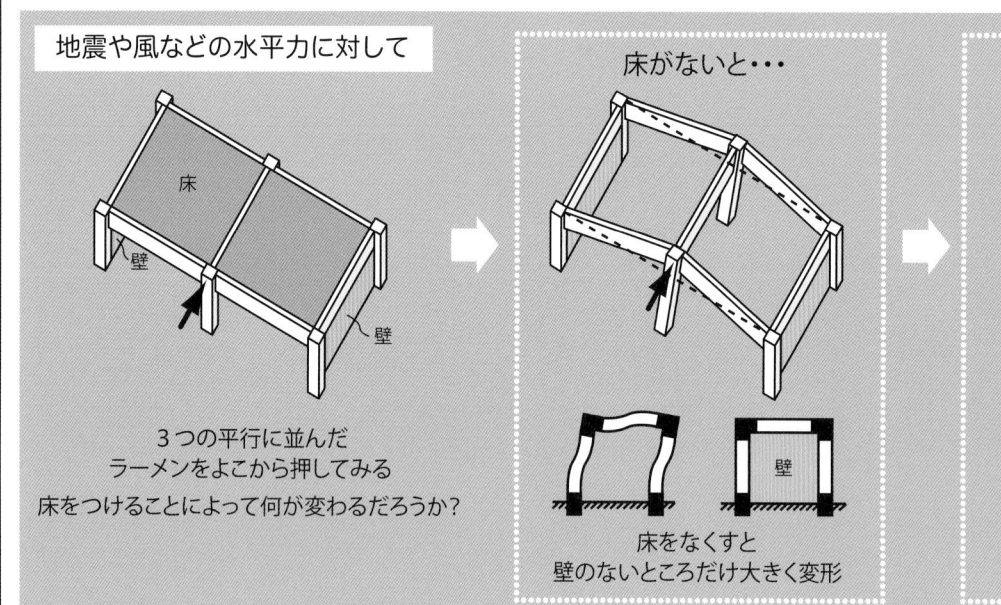

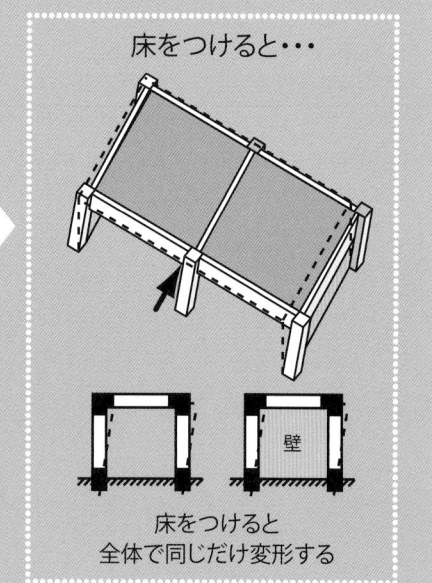

試してみよう！
台の上にうすい紙をのせて押してみる
紙の大きさは同じで、わりばしを両端におくと、変形はどう変わるかな

a) 台のみ
b) わりばし追加

わりばし

紙の変形
紙の変形

いろんな方向から眺めてみると、変形がだいぶ違うね

押した力は紙の中をどう伝わっているか？

台の方向だけ（1方向）
台とわりばしの両方に（2方向）

梁からスラブへ

梁
交差梁
スラブ

力の流れは交差梁（こうさばり）と似ている。

上からの力に対して

変形：大
これだとうすい梁と同じ

ほかの梁でも支えると

変形：中
床の3辺に梁があると、変形が小さくなる

変形：小
床の周辺に梁があると、変形はもっと小さくなる

⚠ 同じ厚さの板でも梁の位置（支え方）が変わると、かたくなる。

地震や風などの水平力に対して

床
壁

3つの平行に並んだラーメンをよこから押してみる
床をつけることによって何が変わるだろうか？

床がないと・・・
壁
床をなくすと壁のないところだけ大きく変形

床をつけると・・・
壁
床をつけると全体で同じだけ変形する

4. 力を支える「しくみ」

壁

しっかりとした壁は、地震や風などの水平方向の力に対してほとんど変形しないで、抵抗するはたらきをします。壁には板状のもののほか、筋かい（ブレース）をつけたものも含まれます。壁は耐力壁（たいりょくかべ）と非耐力壁（ひたいりょくかべ）に分けられます。耐力壁は、柱や梁にしっかり接続されており、水平方向の力に抵抗できます。これに対して非耐力壁は、帳壁（ちょうへき）とも呼ばれる壁で、柱や梁にしっかりと留められておらず、建物が受ける力を伝えず、部屋を仕切る家具のようなはたらきをします。ここでは耐力壁について説明します。

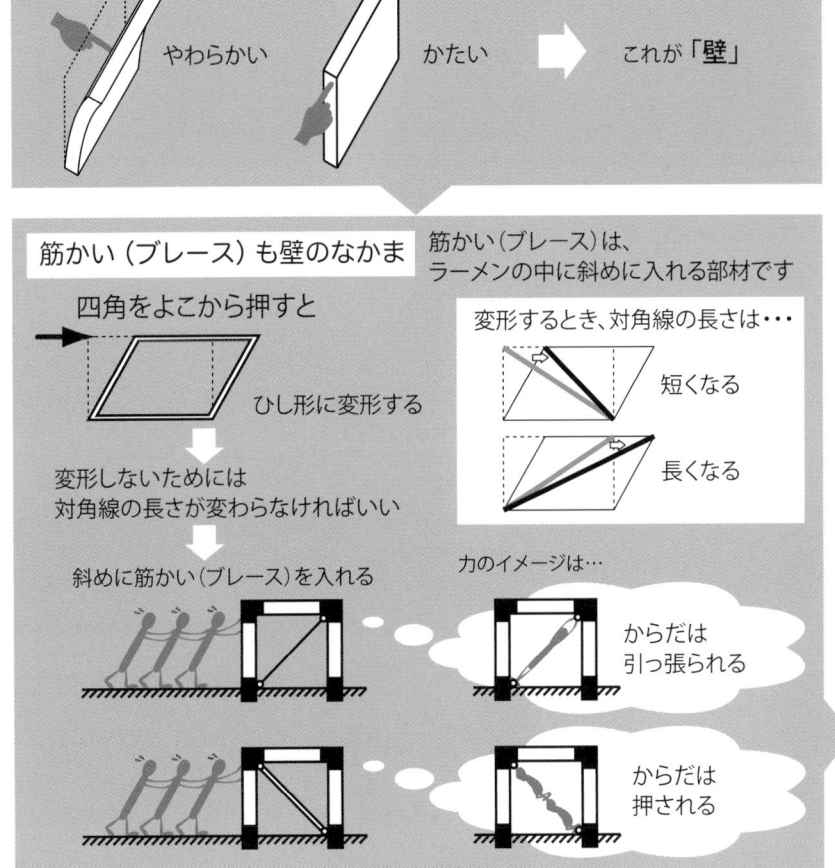

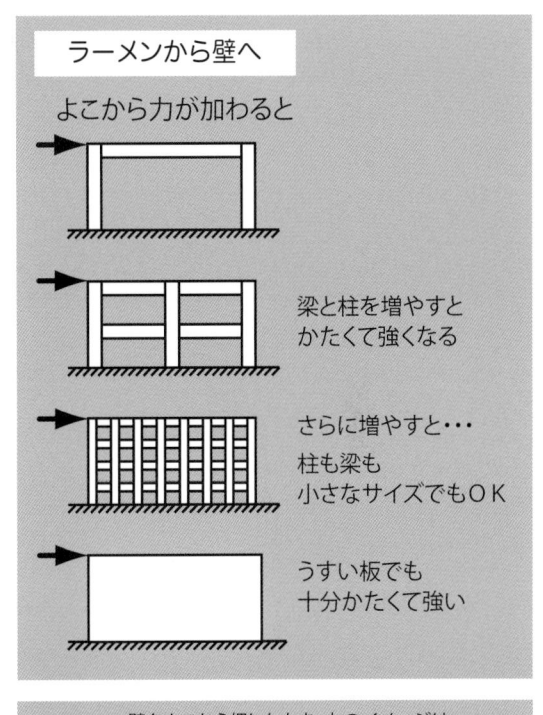

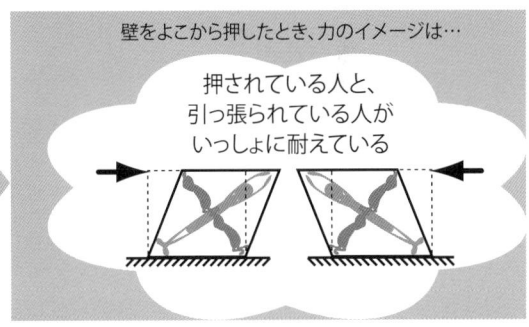

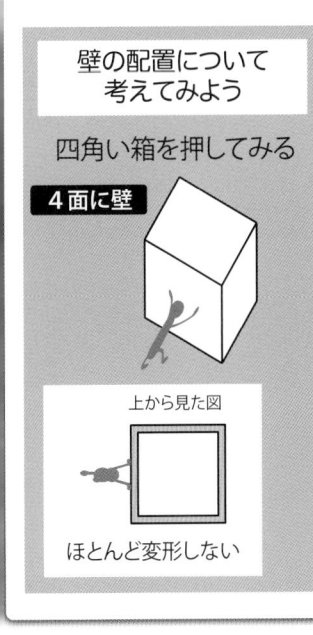

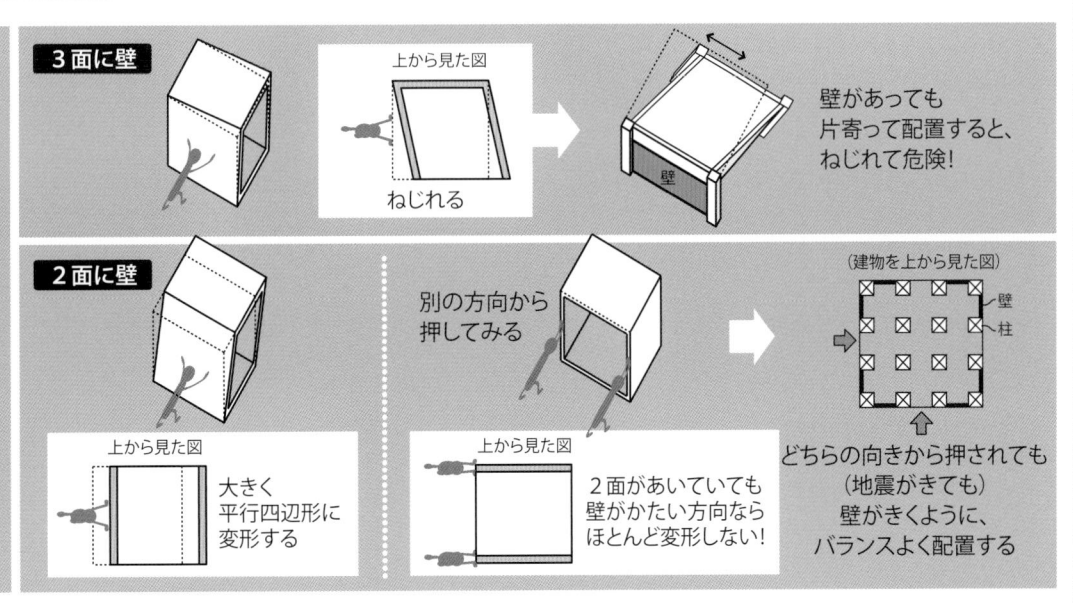

うすい板でも押す方向でかたさが違う
やわらかい／かたい → これが「壁」

ラーメンから壁へ
よこから力が加わると
梁と柱を増やすとかたくて強くなる
さらに増やすと…柱も梁も小さなサイズでもOK
うすい板でも十分かたくて強い

筋かい（ブレース）も壁のなかま
筋かい（ブレース）は、ラーメンの中に斜めに入れる部材です

四角をよこから押すと → ひし形に変形する
変形しないためには対角線の長さが変わらなければいい
斜めに筋かい（ブレース）を入れる

変形するとき、対角線の長さは…
短くなる／長くなる

力のイメージは…
からだは引っ張られる
からだは押される

壁をよこから押したとき、力のイメージは…
押されている人と、引っ張られている人がいっしょに耐えている

壁の配置について考えてみよう
四角い箱を押してみる

4面に壁 — 上から見た図：ほとんど変形しない

3面に壁 — 上から見た図：ねじれる
壁があっても片寄って配置すると、ねじれて危険！

2面に壁 — 上から見た図：大きく平行四辺形に変形する
別の方向から押してみる — 上から見た図：2面があいていても壁がかたい方向ならほとんど変形しない！

（建物を上から見た図）壁／柱
どちらの向きから押されても（地震がきても）壁がきくように、バランスよく配置する

5 建物にみる「ちから」と「かたち」

強くてかたくて美しい建物をできるだけ少ない材料でつくりたい。こうした人々の夢を叶えるために、いろいろなかたちの「しくみ(構造)」が生み出されてきました。

トラス構造

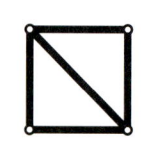

細くて短い部材を網(あみ)の様に組み合わせて、長くて大きな建物をつくるために、トラス構造は使われます。トラス構造の部材には、木や鋼やアルミニウムなど、いろいろなものが使われます。

トラスの基本は三角形

四角形はすぐかたちが変わってしまう

三角形はいくら力をかけてもかたちが変わらない!

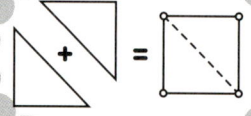

三角形はかたい!!

五角形、六角形ではどうだろう?
三角形はどうしてかたちがかわりにくいのかな?
かんがえてみよう

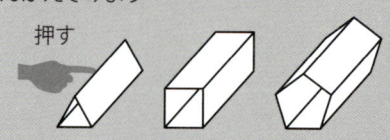

押す

すこし厚い紙でいろんなかたちのつつをつくって、力をかけてたしかめてみよう!

三角形はてっぺんからのちからにつよい!

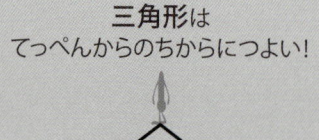

でも辺(へん)の中間に乗ると…

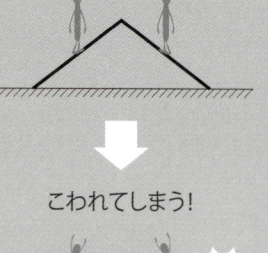

こわれてしまう!

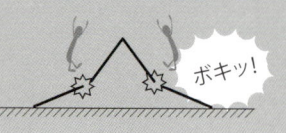

こわれないために直線の材を追加

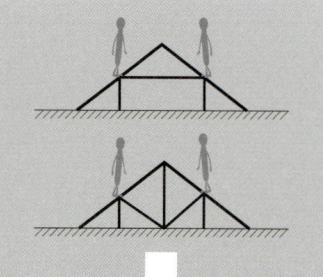

短い部材の組み合わせでも大きな屋根になる!

三角形をよこにつなげると…

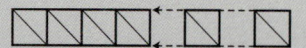

トラス(構造)の完成!

橋
組み合わせいろいろ!!

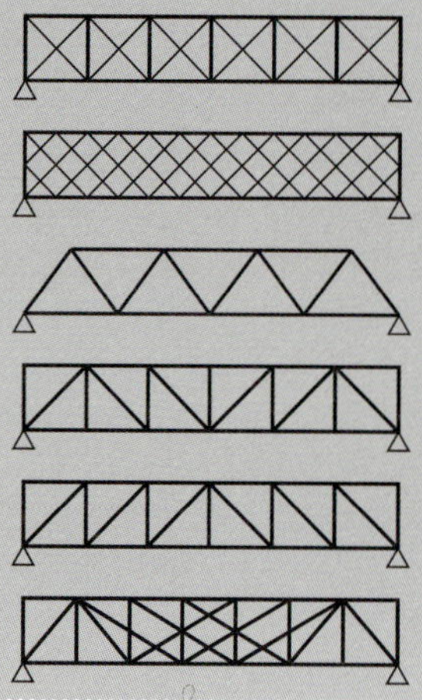

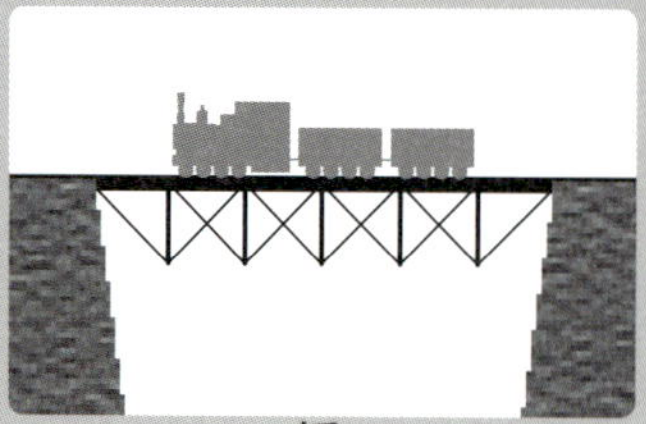

橋

木造小屋組

よこにすると…

タワー

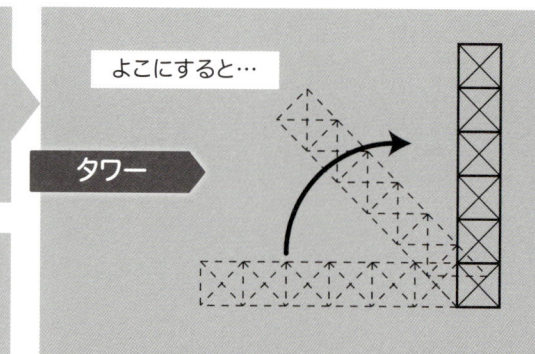

風が吹くと…

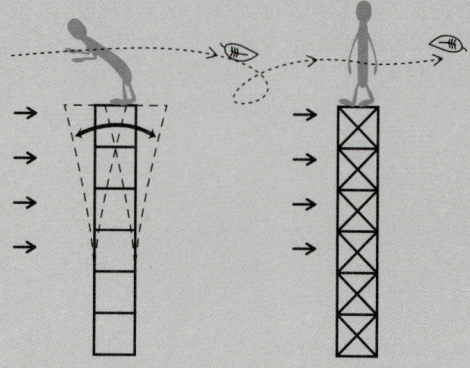

四角形はゆらゆらしてしまうが…

トラスにすると風もへっちゃら!!

エッフェル塔
(パリ・1889)

テンセグリック・タワー
(新潟県・2010)

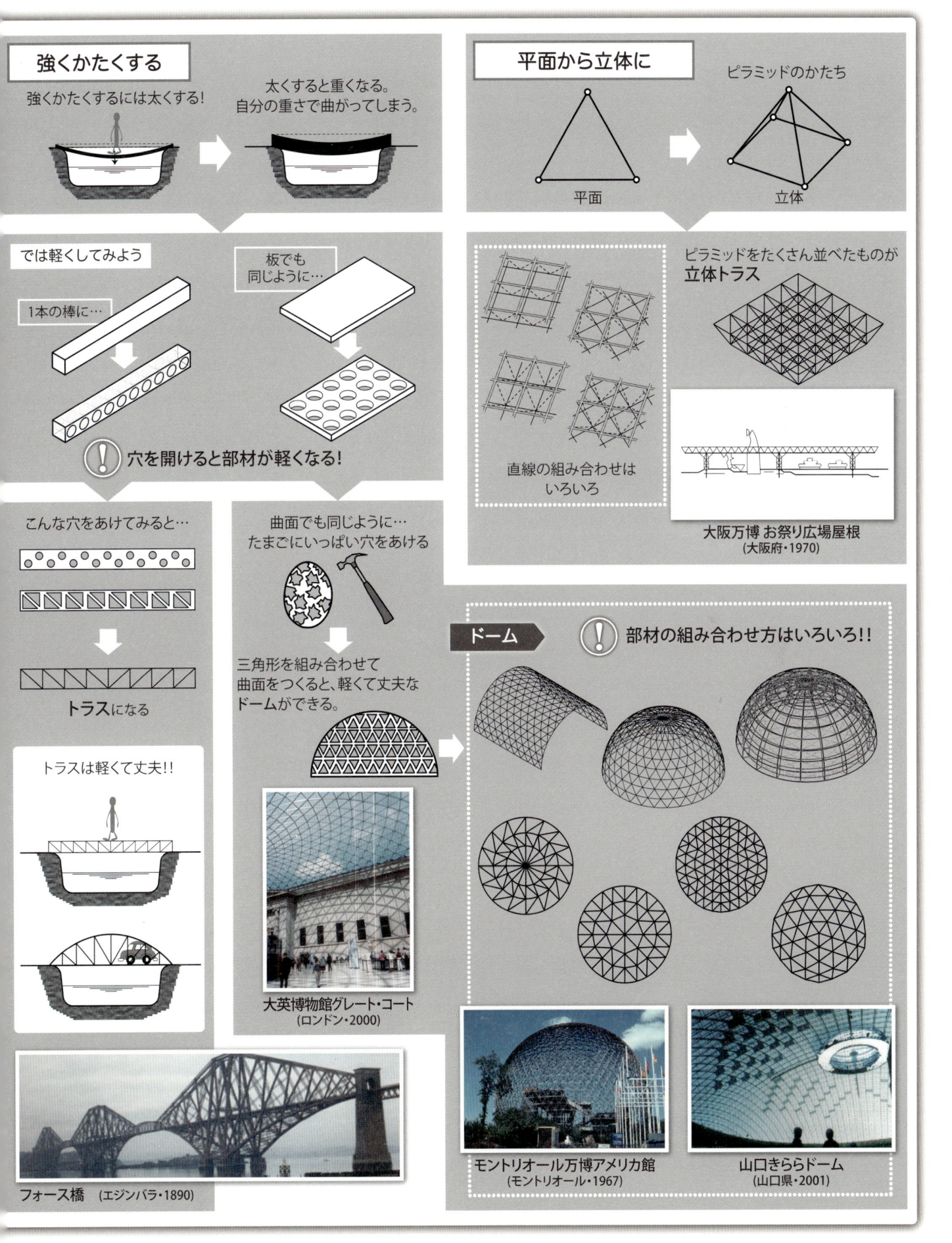

5. 建物にみる「ちから」と「かたち」

強くかたくする

強くかたくするには太くする！

太くすると重くなる。
自分の重さで曲がってしまう。

では軽くしてみよう

1本の棒に…

板でも同じように…

⚠ 穴を開けると部材が軽くなる！

こんな穴をあけてみると…

トラスになる

トラスは軽くて丈夫!!

曲面でも同じように…
たまごにいっぱい穴をあける

三角形を組み合わせて曲面をつくると、軽くて丈夫なドームができる。

大英博物館グレート・コート
(ロンドン・2000)

フォース橋 （エジンバラ・1890）

平面から立体に

平面 → 立体

ピラミッドのかたち

ピラミッドをたくさん並べたものが **立体トラス**

直線の組み合わせはいろいろ

大阪万博 お祭り広場屋根
(大阪府・1970)

ドーム

⚠ 部材の組み合わせ方はいろいろ!!

モントリオール万博アメリカ館
(モントリオール・1967)

山口きららドーム
(山口県・2001)

27

折板構造

やわらかいうすい板を波のように折ると、同じ材料を使っていても、かたい板になります。このような工夫を折板構造（せつばんこうぞう）と呼びます。折板構造を用いると、軽くて大きな建物が実現できます。

同じ材料でも、かたい方向とやわらかい方向がある

試してみよう！　消しゴムで試してみよう！

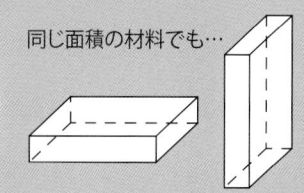

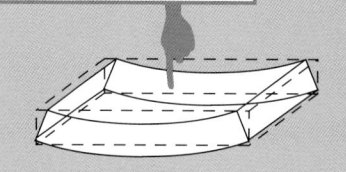

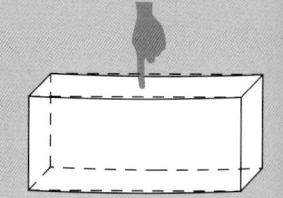

同じ面積の材料でも…

！ 押したとき、たてに長いほうが曲がりにくい

うすい板でも工夫次第で強くなる

試してみよう！　下敷きなどのうすい板の片方を押さえて押してみる

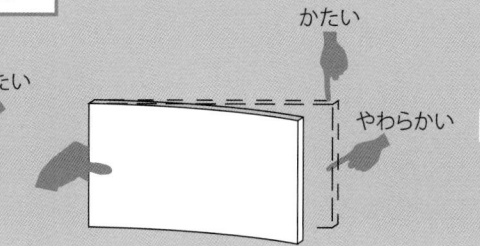

やわらかい　かたい　　かたい　やわらかい

！ かたい方向とやわらかい方向がある

いろいろな工夫

紙は曲がりやすいが、折ると…　強い

！ 折ったり曲げたりするとかたくなる

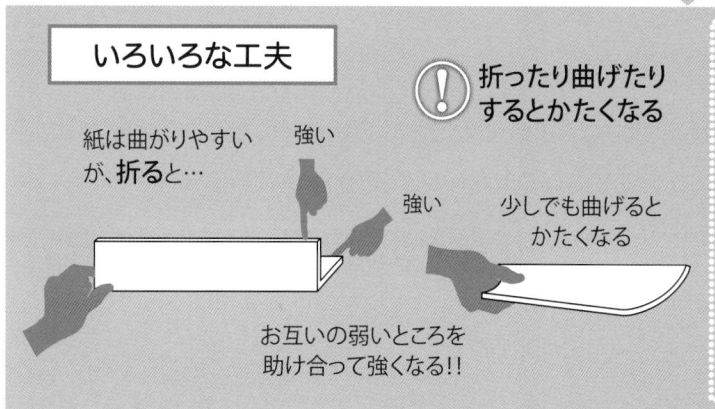

強い　少しでも曲げるとかたくなる

お互いの弱いところを助け合って強くなる!!

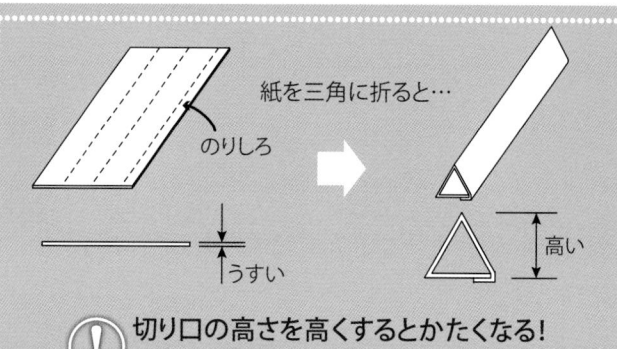

紙を三角に折ると…　のりしろ　うすい　高い

！ 切り口の高さを高くするとかたくなる！これが、**折板**

さまざまな折り方がある

じゃばら折り

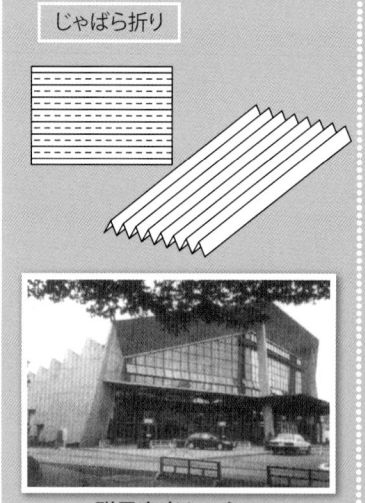

折だる

谷おり　山おり

群馬音楽センター（群馬県・1961）

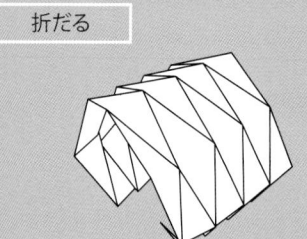

カン

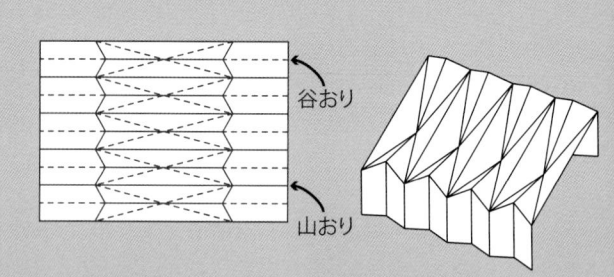

横浜大桟橋国際客船ターミナル（神奈川県・2002）

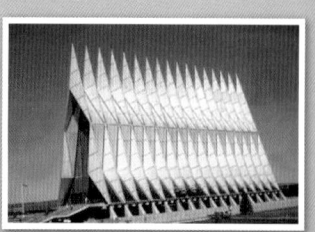

コロラドの空軍士官学校教会（コロラド州・1958）

5．建物にみる「ちから」と「かたち」

試してみよう！ 折板構造のつよさを実感してみよう！

製作風景

<用意するもの>
紙・おもりになりそうなもの（本など）・机

<実験手順>
1. 紙を用意する（今回使用したのは、A3ケント紙：297mm×420mm）。
2. 左のページを参考にしながら、強そうな橋を自由につくってみる
（折りだるは、特にきちんとまじめに折ったほうがよい）。

<今回製作したもの>
―― 山おり　---- 谷おり

三角折り　　じゃばら折り　　折だる

のりしろ

机を離して置き、まん中に橋をおいて実験する。

一枚の紙はすぐに曲がってしまう

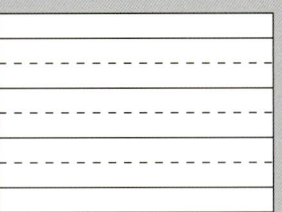

適当に折っているMさん

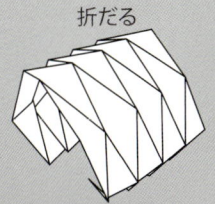

きちょうめんなDさん

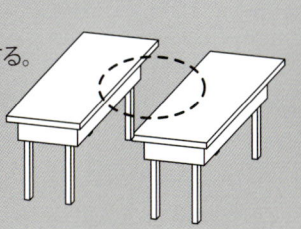

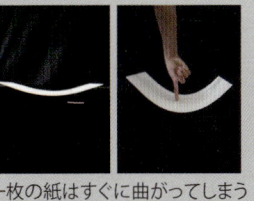

いきづまったら隣の人をチラッと見る

強さを比べてみる

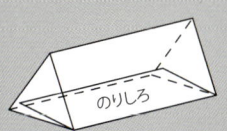

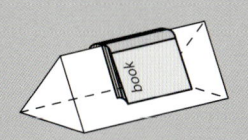

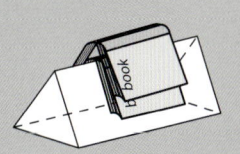

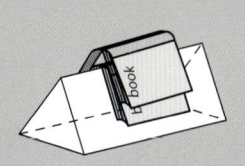

こわれ方を観察してみよう！

三角折りのとき…

のりしろ　book　book　book

本を3冊載せたとき
三角形はつぶれる

じゃばら折りのとき…

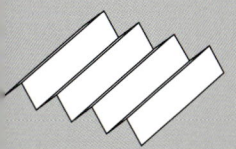

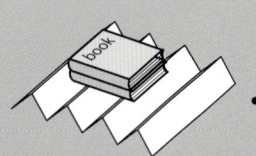

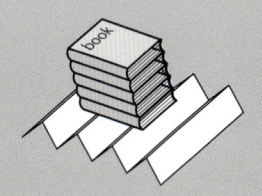

book　book　…　book

6冊目を載せたときに折れた

折りだるのとき…

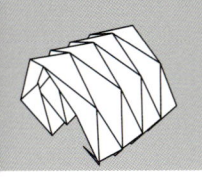

book　book　…　book

7冊目を載せたときつぶれた

アーチとドーム

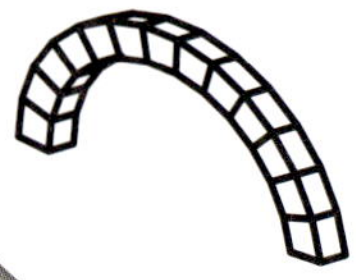

曲面が特徴的なアーチやドームはローマ時代に発明されました。2000年を超える歴史を持っています。石のように小さな部材を用いて、大きな空間をおおう建物をつくるための工夫をアーチやドームに見ることができます。

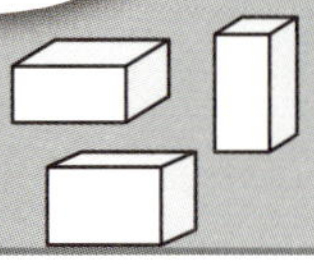

積み木でトンネルをつくる

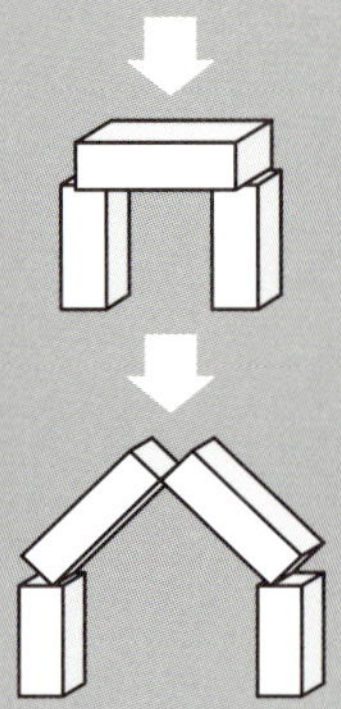

もっと大きくできないかな〜

少しずつずらしながら積んでいく

ミュケナイの城塞のトンネル
（ミュケナイ・紀元前1600〜1300頃）

たくさんの積み木だと…

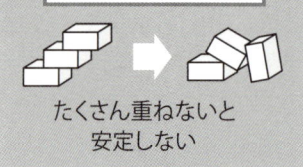

たくさん重ねないと安定しない

台形にしてつなげる

アーチ

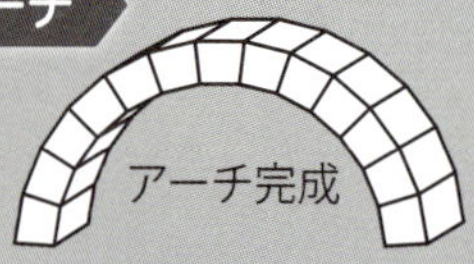

アーチ完成

メモリアルアーチ
（セントルイス・1965）

アーチからドームへ

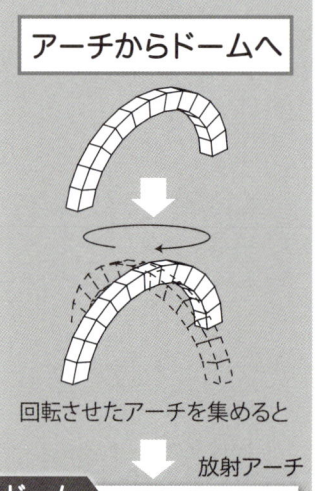

回転させたアーチを集めると

放射アーチ

ドーム

出雲ドーム　（山口県・1992）

アーチの一部を押してみよう

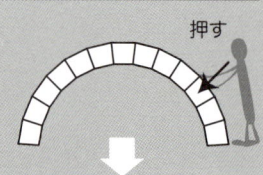

押す

くずれてしまう

⚠ 一部を押すような力には弱く、こわれやすい

みんなで押せばこわれない

⚠ 均等に押すとこわれにくい

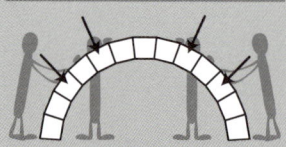

はじめから重さを加えておくと…

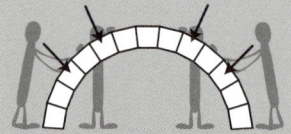

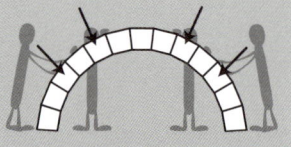

⚠ アーチに重みをかけておくと、小さな力が集中的に加わっても平気

通潤橋　（熊本県・1854）

セゴビアの水道橋「悪魔の橋」
（セゴビア・紀元前80頃）

ヴォールト

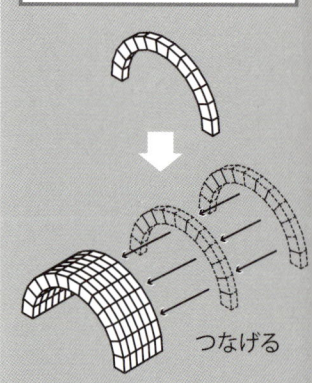

つなげる

ヴォールト

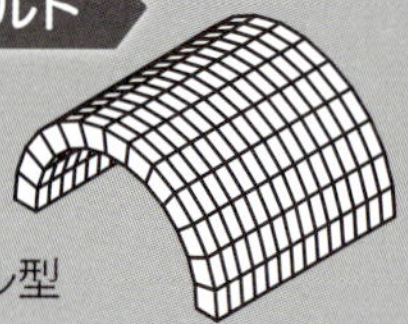

トンネル型

この形を**ヴォールト**という

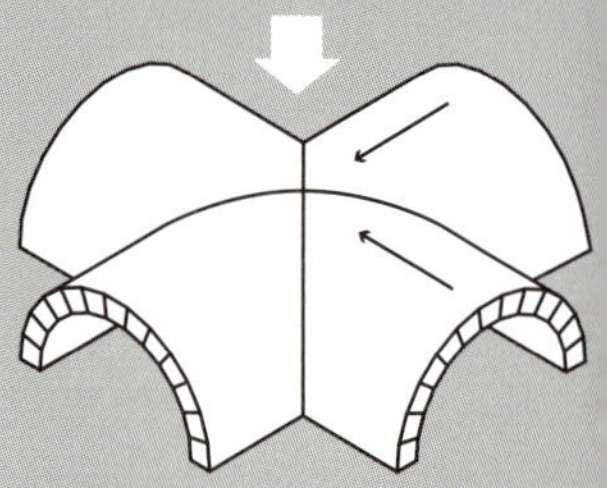

交差させる

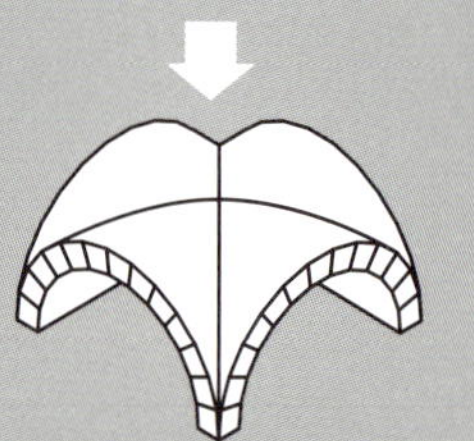

出っぱっている所を切ると交差ヴォールト

ノートルダム大聖堂
（フランス・1345）

5．建物にみる「ちから」と「かたち」

小さなブロックでドームをつくる

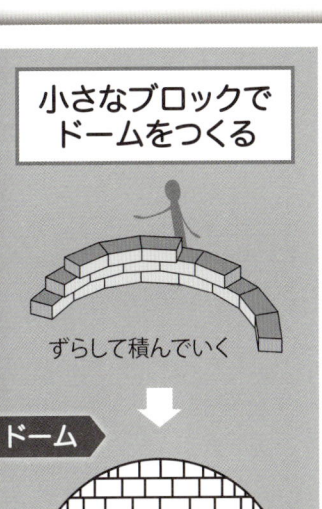

ずらして積んでいく

↓ ドーム

アルベロベッロのトゥルッリ
(アルベロベッロ・16世紀半ば)

トゥルッリ内観

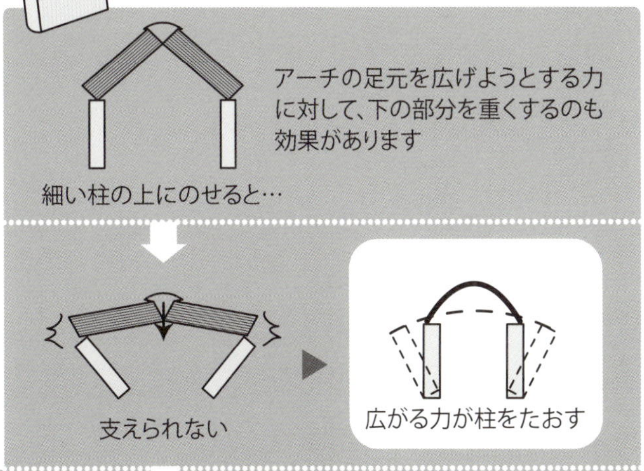

ノートルダム大聖堂の
フライングバットレス

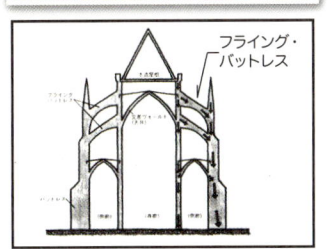

外側のフライング・バットレスは
アーチが開くのを防ぐ

多面体からドーム

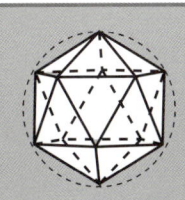

例えば、正20面体
(正20面体は球に内接する)

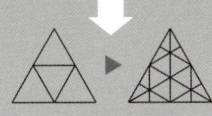

↓

1つの三角形を
さらに小さな三角形に分割する

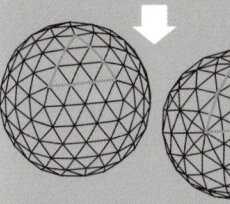

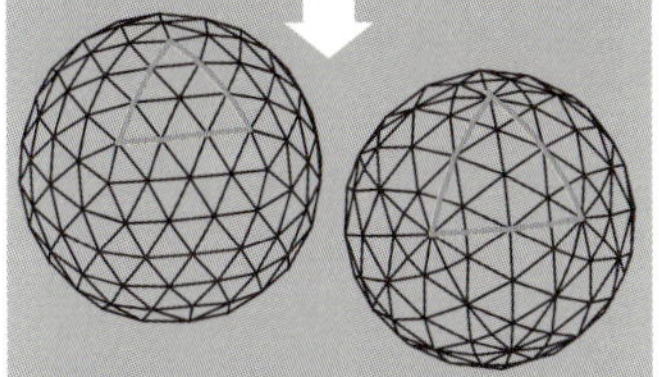

↓

より球に近い立体ができる
(ジオデシック・ドーム)

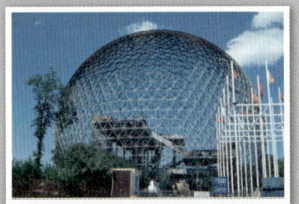

モントリオール万博 アメリカ館
(モントリオール・1967)

三角形のパネルを組みあわせると

木造パネルを用いた
ジオデシック・ドームの家
(1991)

アーチやドームの足元には、外に広がろうとする力が発生します。この力は、アーチの大きさが大きくなるほど、また高さが低くなるほど大きくなります。

本をつかって確かめてみよう！（基本編）

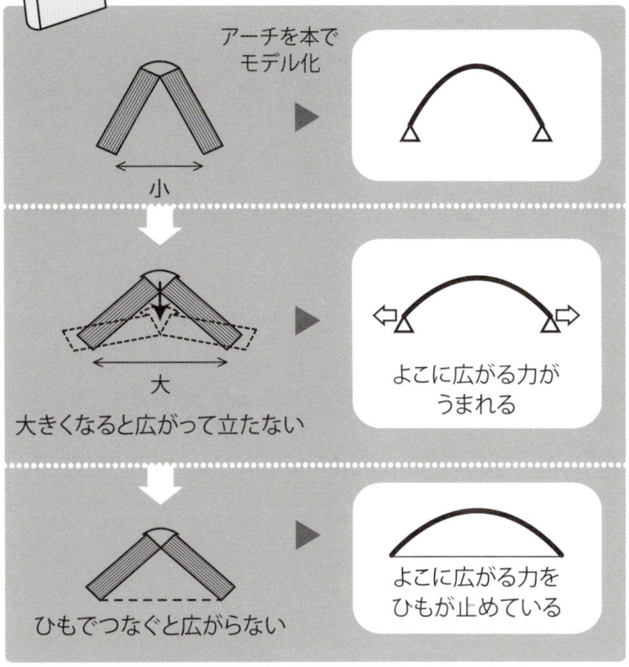

アーチを本でモデル化

小

大きくなると広がって立たない

よこに広がる力がうまれる

ひもでつなぐと広がらない

よこに広がる力をひもが止めている

シドニー・ハーバー・ブリッジ
(シドニー・1932)

本をつかって確かめてみよう！（応用編）

アーチの足元を広げようとする力に対して、下の部分を重くするのも効果があります

細い柱の上にのせると…

支えられない

広がる力が柱をたおす

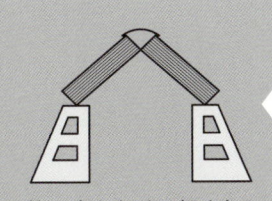

柱に穴をあけて軽くする ← 柱を大きくする

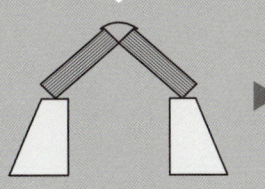

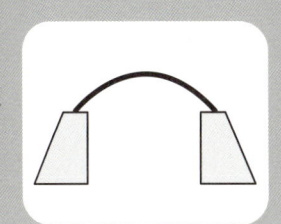

シェル構造

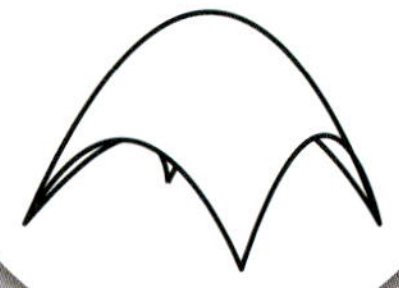

「シェル」とは英語でshell、貝殻（かいがら）のことです。貝殻や卵の殻（から）のように、うすくても強くてかたい曲面を建物に応用したものが、シェル構造です。美しくて、軽くて、大きな建物ができることが特徴です。

"シェル"って？？
うすくて・かたい曲面のこと

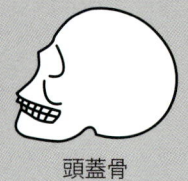

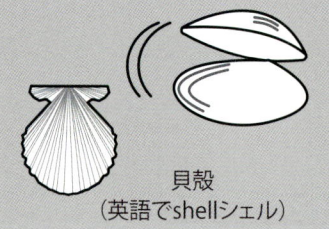

た・と・え・ば　卵の殻　頭蓋骨　貝殻（英語でshellシェル）　カメの甲羅（こうら）

シェルの代表的なかたち：EPとHP

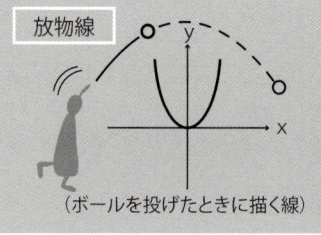

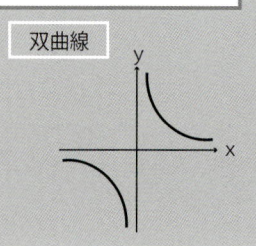

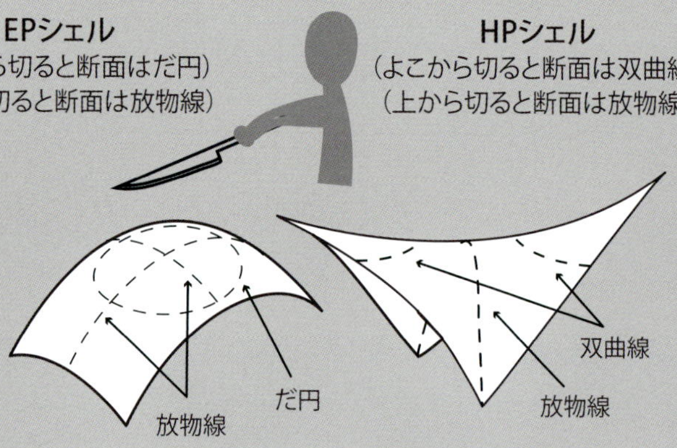

放物線（ボールを投げたときに描く線）　双曲線

EPシェル
（よこから切ると断面はだ円）
（上から切ると断面は放物線）
放物線／だ円

HPシェル
（よこから切ると断面は双曲線）
（上から切ると断面は放物線）
双曲線／放物線

ちからの流れは？

みんな下に押さえられている

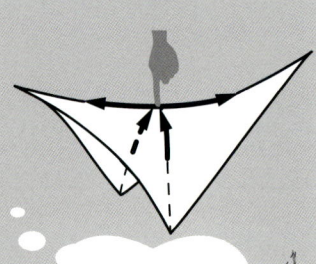

上二人は下向きに引っ張られている
下二人は下向きに押さえられている

曲面からできるかたち

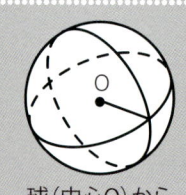

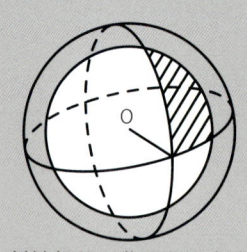

球（中心O）から
斜線部分の曲面を切出す

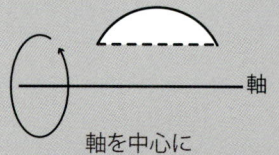

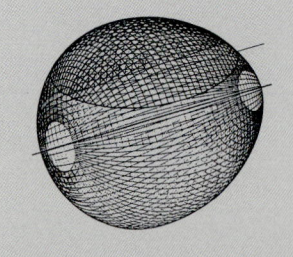

軸を中心に半球を回転させると…

- 山口きららドーム（山口県・2001）
- 東京カテドラル聖マリア教会（東京都・1964） 
- ハンブルグ歴史博物館（ハンブルグ・1989） 
- ソチミルコのレストラン（ソチミルコ・1958） 
- オペラハウス（シドニー・1973）
- 大館樹海ドーム（秋田県・1997）

5. 建物にみる「ちから」と「かたち」

シェルをつくってみよう！

① バブルシェル

用意するもの ストロー・シャボン玉液

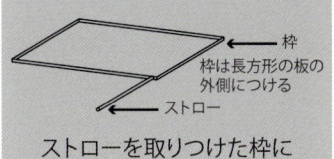

枠は長方形の板の外側につける
← 枠
← ストロー

ストローを取りつけた枠に 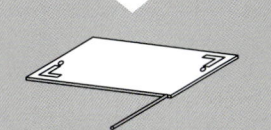
↓
石けん膜（シャボン液）を張る 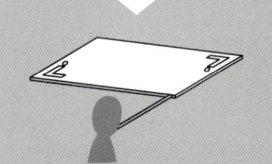
↓
ストローから空気を入れる
↓
膨らませる 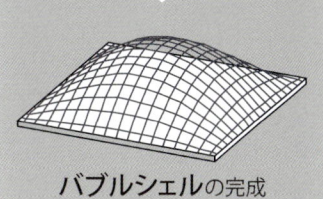
↓
バブルシェルの完成

工場の模型

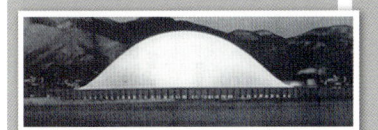

しもきたドーム　（青森県・2005）

② 逆吊りシェル

用意するもの 大きな布一枚

1枚の布
↓
しわがないと、どの点も引っ張られている【吊り形態】

すみの4点を持つ
からだは引っ張られている

ひっくり返すと・・・

「どの点もおされている」と考えられる

逆つりシェル完成
からだは押されている

大きくすると

逆つりシェルの屋根

一枚の布に石こうを塗り、吊り形態のままひっくり返すと、逆さ吊りシェルが実際につくれる！

ハインブルグのプール（ハインブルグ・1979）

ダイティンゲンのGS（ダイティンゲン・1968）

テクノプレース（千葉県・2002）

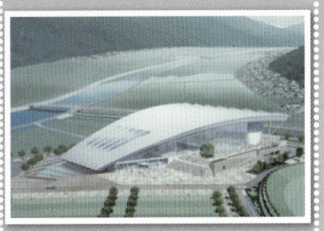

くろしおアリーナ（高知県・2001）

サルスエラ競馬場（マドリード・1935）

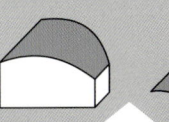

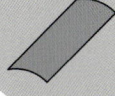

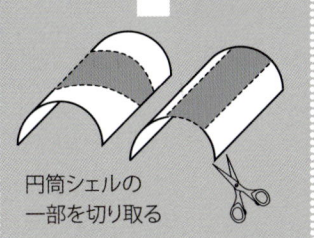

円筒シェルの一部を切り取る

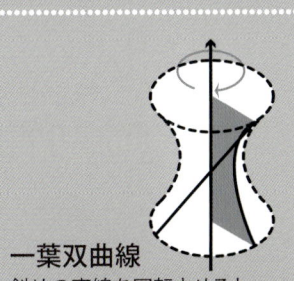

一葉双曲線
斜めの直線を回転させるとできるかたち

タワー・プロジェクト2011

吊構造

ロープを思いうかべてください。ロープを使うと、はしにつけた物を吊り上げられるようにロープは引っ張ると力を伝えることができます。でも、ロープは押すとぐにゃぐにゃになって、力を伝えることができません。このようにロープは引っ張り力にしか抵抗できませんが、細くても強い材料を用いると、軽くて丈夫な建物をつくることができます。これが吊構造（つりこうぞう）です。

"吊り"って？？

- **吊り革** — 上から吊り下げられた輪
- **気球** — バルーンがバスケットをつり下げている
- つりびとは魚を引き上げている（つり糸／魚は糸でつられている）

ロープや糸には引っ張り力が生じている

橋

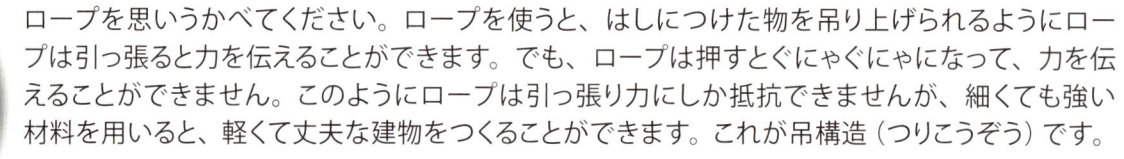

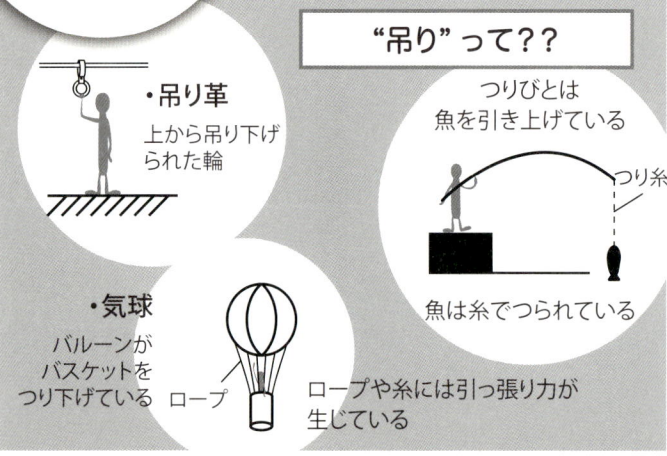

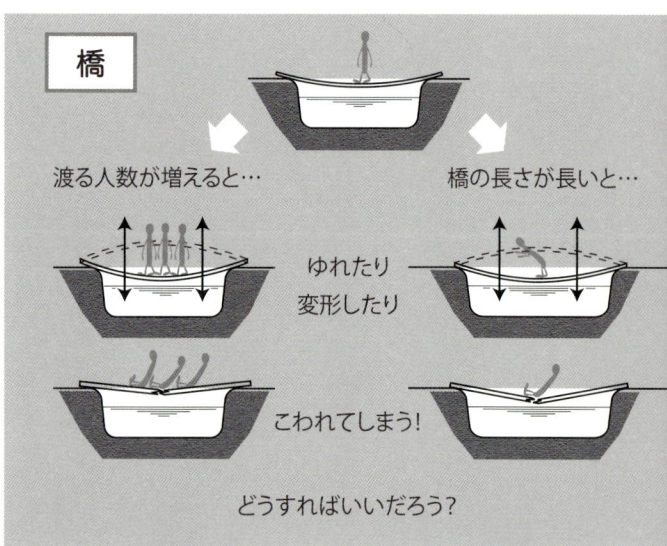

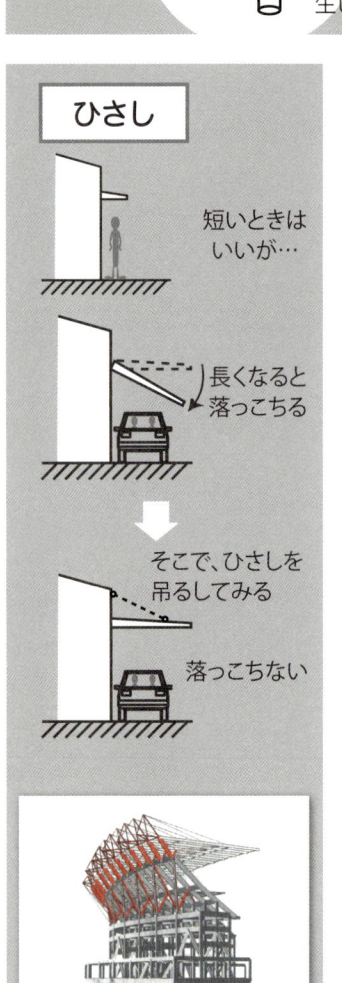

渡る人数が増えると… / 橋の長さが長いと…
ゆれたり変形したり
こわれてしまう！

どうすればいいだろう？

橋の真ん中に棒をおくと丈夫
柱を吊り上げると下を船がとおれる!!
さらに…
中心まわりに回転させる

橋を上から吊ってみる
いろんな方法で吊ってみる

ひさし

短いときはいいが…
長くなると落っこちる
そこで、ひさしを吊るしてみる
落っこちない

シーソー

引っ張る
片方をとめると、もう片方を引っ張っても動かなくなる
とめている人は、上に引かれる力に抵抗している

カシマスタジアム（茨城県・1993）

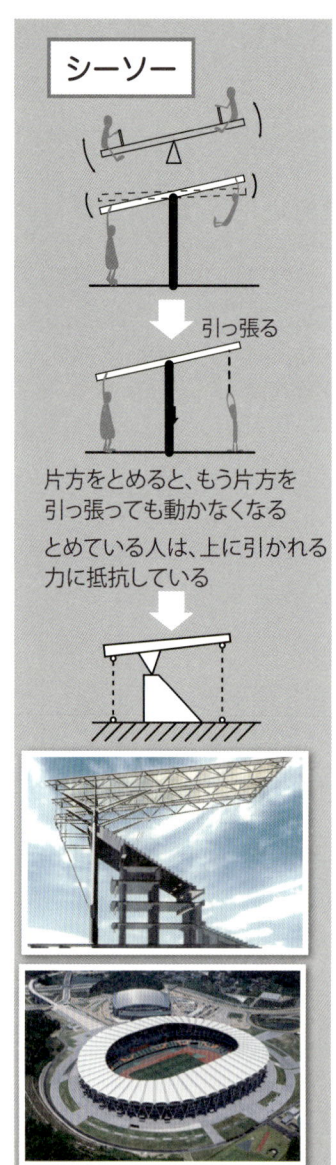

静岡エコパスタジアム（静岡県・2002）

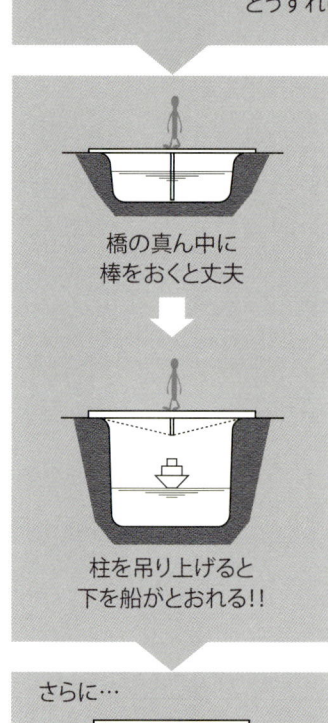

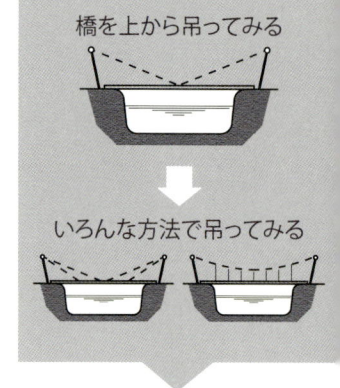

日本大学理工学部ファラデーホール（千葉県・1978）

ケルハイムの歩道橋（ケルハイム・1987）

明石海峡大橋（淡路市-神戸市間・1998）

5. 建物にみる「ちから」と「かたち」

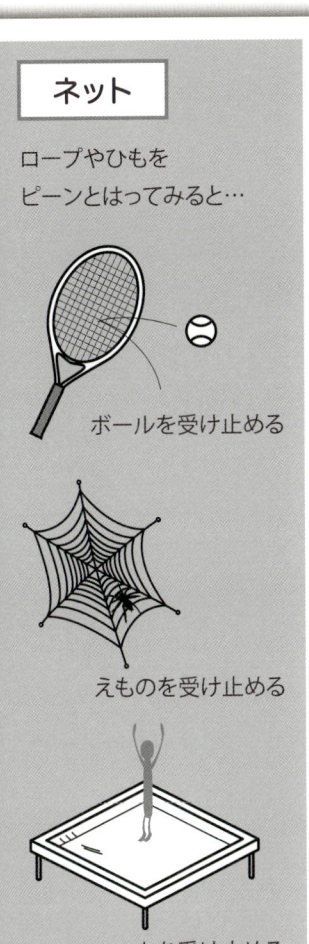

ネット

ロープやひもを
ピーンとはってみると…

ボールを受け止める

えものを受け止める

人を受け止める

壁に応用してみると…
ネット／ガラス／風
風を受け止める

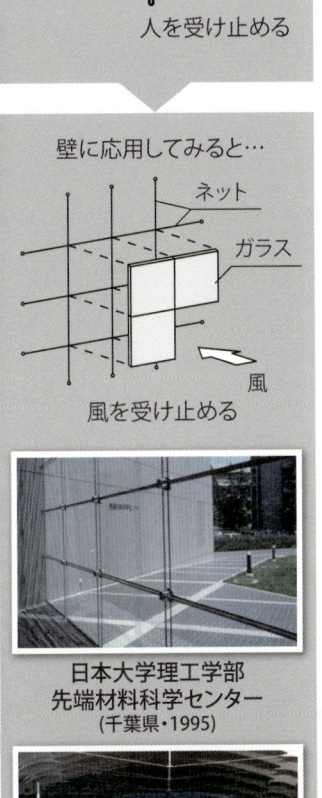

日本大学理工学部
先端材料科学センター
(千葉県・1995)

ケンピンスキー・ホテル
(ミュンヘン・1994)

ゆれを止める

手でぶらさがっていると
ゆらゆらする

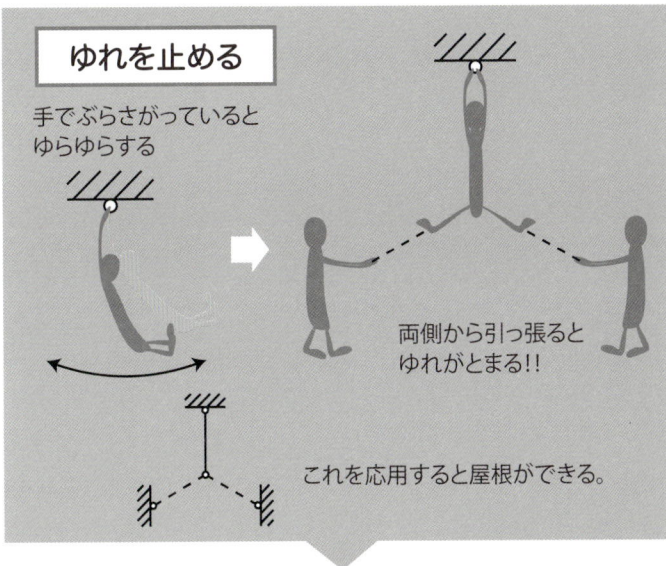

両側から引っ張ると
ゆれがとまる!!

これを応用すると屋根ができる。

つなわたりのロープにも…

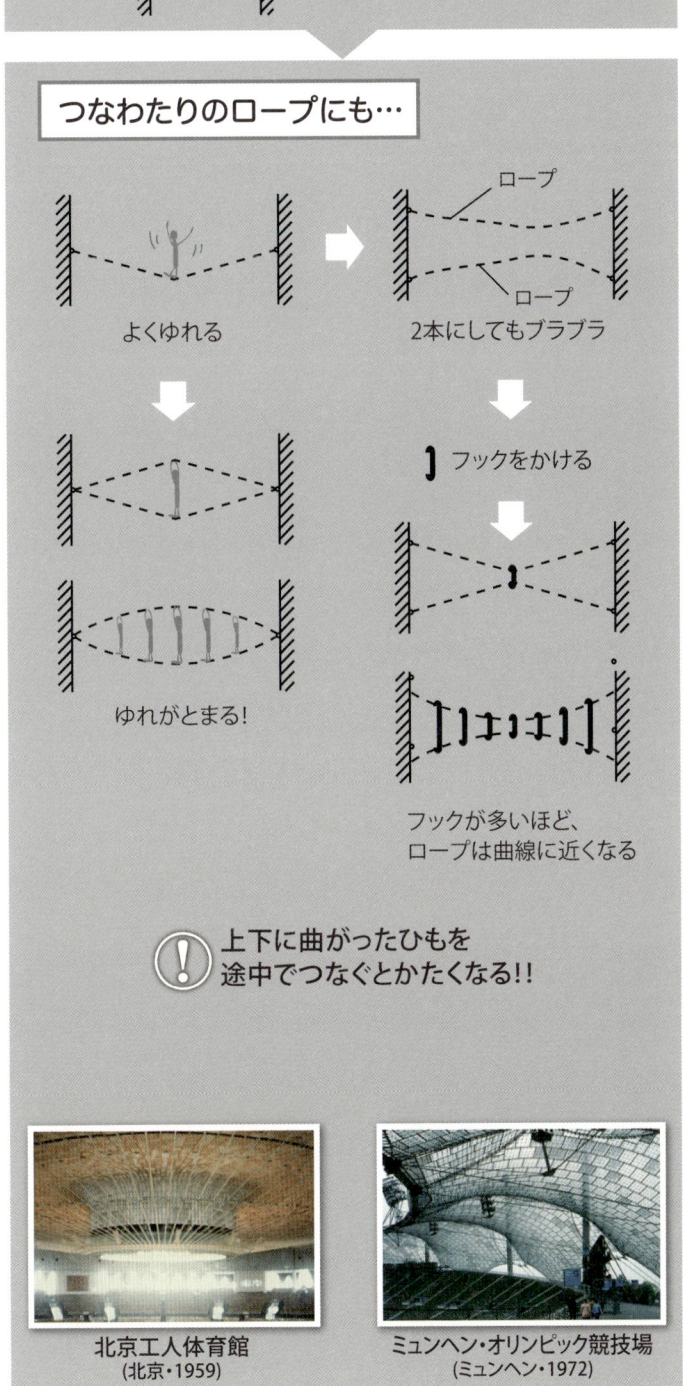

よくゆれる　　2本にしてもブラブラ

フックをかける

ゆれがとまる!

フックが多いほど、
ロープは曲線に近くなる

⚠ 上下に曲がったひもを
途中でつなぐとかたくなる!!

北京工人体育館
(北京・1959)

ミュンヘン・オリンピック競技場
(ミュンヘン・1972)

リング

ほそいわっか
を押すと…

つぶれやすい

円盤なら丈夫!
でも重い…

わっかの中に棒を入れると
強くなる! しかも軽い!!

自転車の車輪も
おなじ原理

車輪をよこから見ると…

ダイムラースタジアム
(シュツットガルト・1993)

膜構造

ロープと同じように、布も引っ張り力だけに抵抗する材料です。布を使って、いろいろな力に耐えられる建物に応用したものが膜構造（まくこうぞう）です。軽くて丈夫で美しい建物、それが膜構造の特徴です。

空気を入れると…空気膜構造

ふうせんやしゃぼん玉は空気を入れることで形がきちんと定まります。

空気を入れると…中の圧力が大きくなる

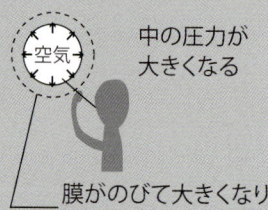

膜がのびて大きくなりピーンとなる。

空気膜とネットを組み合わせる

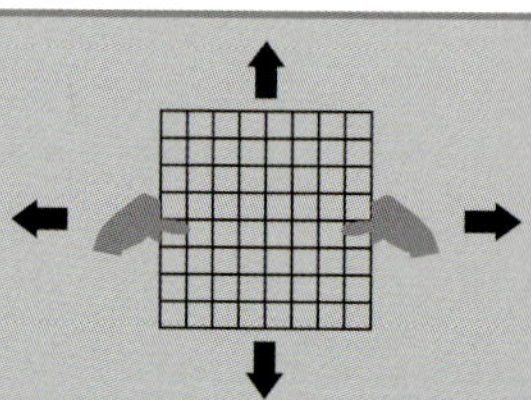

ネットをたてやよこに引っ張っても、あまりのびない

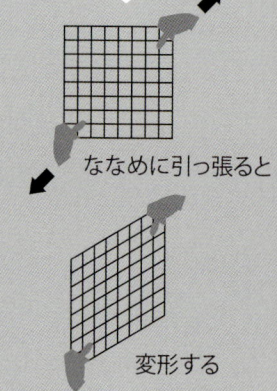

ななめに引っ張ると

変形する

四角形メッシュはどんなかたちにもフィットする！

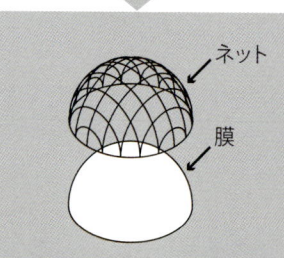

ふうせんから空気膜に

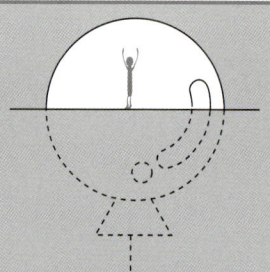

ふうせんを半分にするとドームになる

中の圧力が大きいと…

空気が多いとあまり変形しない

中の圧力が小さいと…

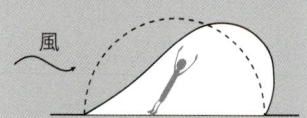

中の空気が少ないと変形してしまう!!

⚠ 中の圧力を大きくするとかたくなる

triple ballon
（千葉県・2001）

レンズ状空気膜

枠（底有り）
ストロー

ストローを取りつけた枠（底有り）にせっけん膜（しゃぼん液）を張る

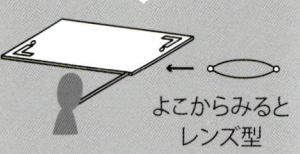

よこからみるとレンズ型

ストローから空気をいれてふくらませる

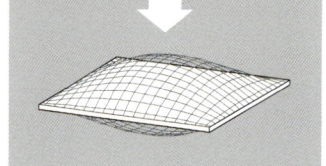

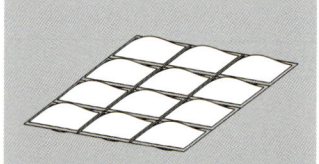

連続させる!!

アリアンツアリーナ
（ミュンヘン・2005）

チューブ状空気膜

ゴムふうせんでもソーセージでも、押すと…

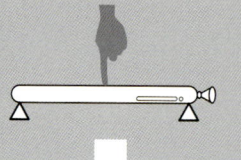

押したほうにはしわができ、反対側は伸びてうすくなる

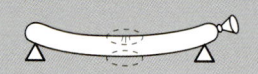

圧力はあまり変わらない

曲げたチューブを…

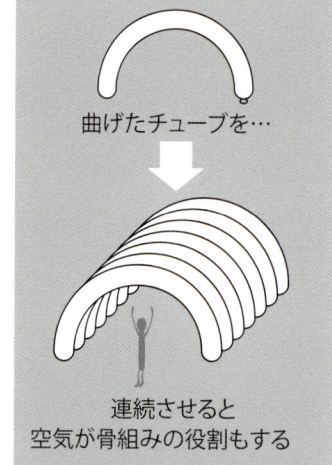

連続させると空気が骨組みの役割もする

富士グループパビリオン
（大阪府・1970）

ネット
膜

ネットで膜のかたちが決まる

東京ドーム
（東京都・1988）

5．建物にみる「ちから」と「かたち」

空気を入れないと…サスペンション膜構造

服を引っ張るとのびる

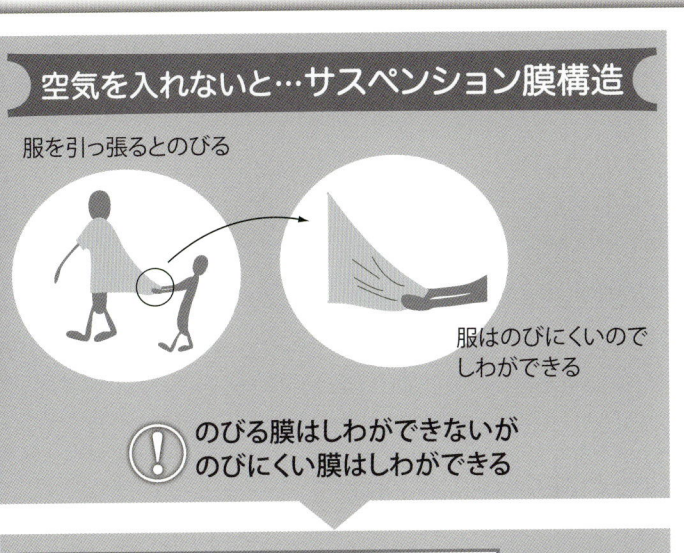

服はのびにくいので しわができる

⚠ のびる膜はしわができないが のびにくい膜はしわができる

サスペンション膜をつくってみよう

布をよすみで引っ張っておく

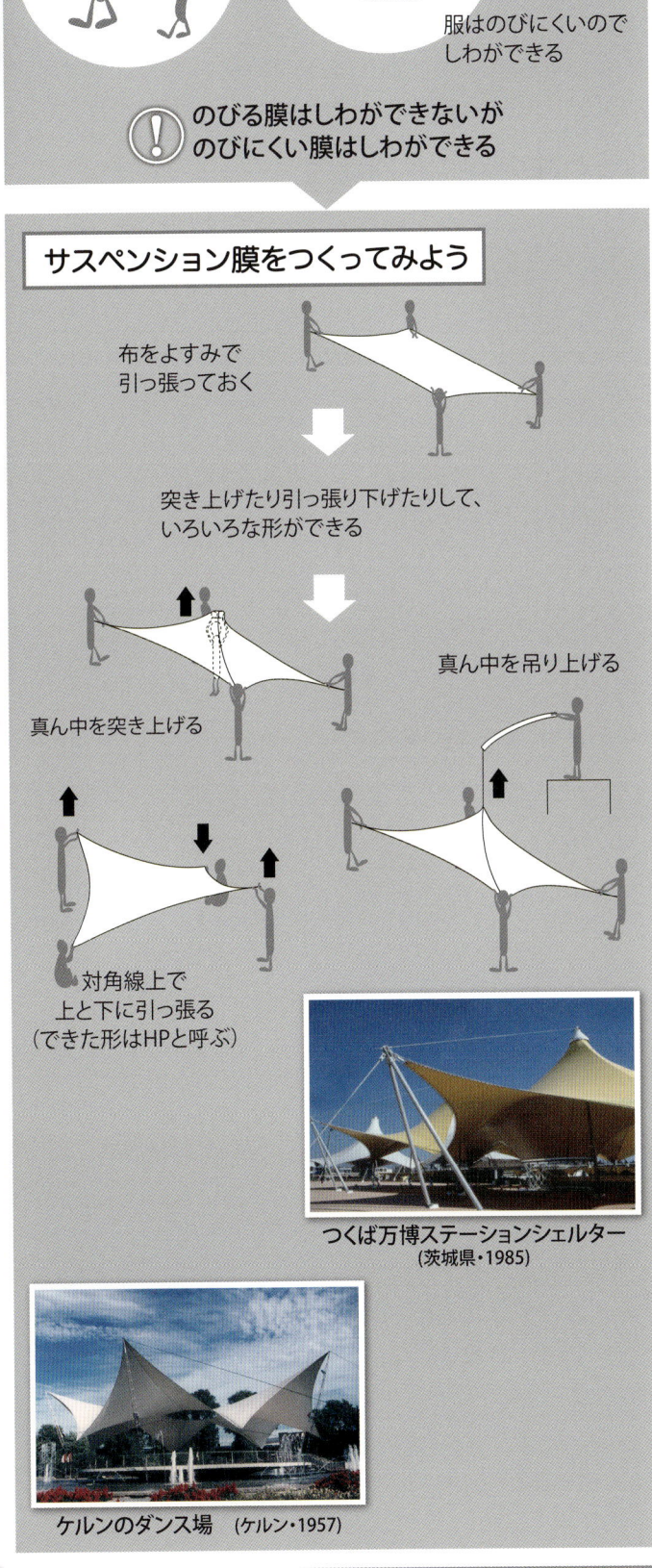

↓

突き上げたり引っ張り下げたりして、いろいろな形ができる

真ん中を突き上げる

真ん中を吊り上げる

対角線上で上と下に引っ張る（できた形はHPと呼ぶ）

つくば万博ステーションシェルター（茨城県・1985）

ケルンのダンス場　（ケルン・1957）

平面から曲面をつくるには

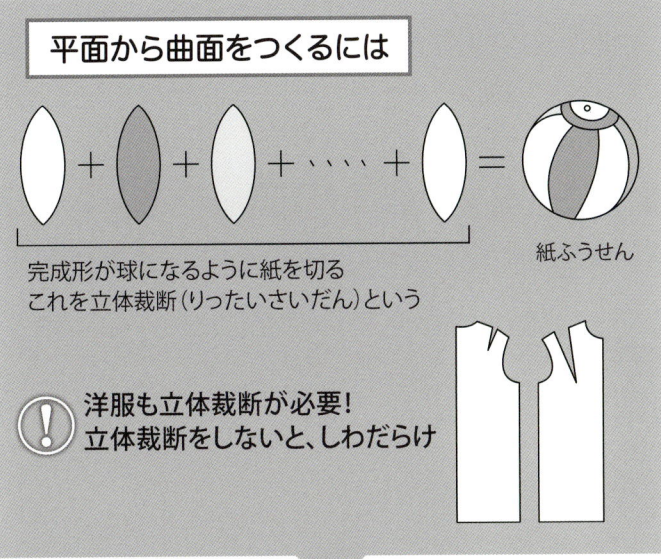

完成形が球になるように紙を切る これを立体裁断（りったいさいだん）という

紙ふうせん

⚠ 洋服も立体裁断が必要！ 立体裁断をしないと、しわだらけ

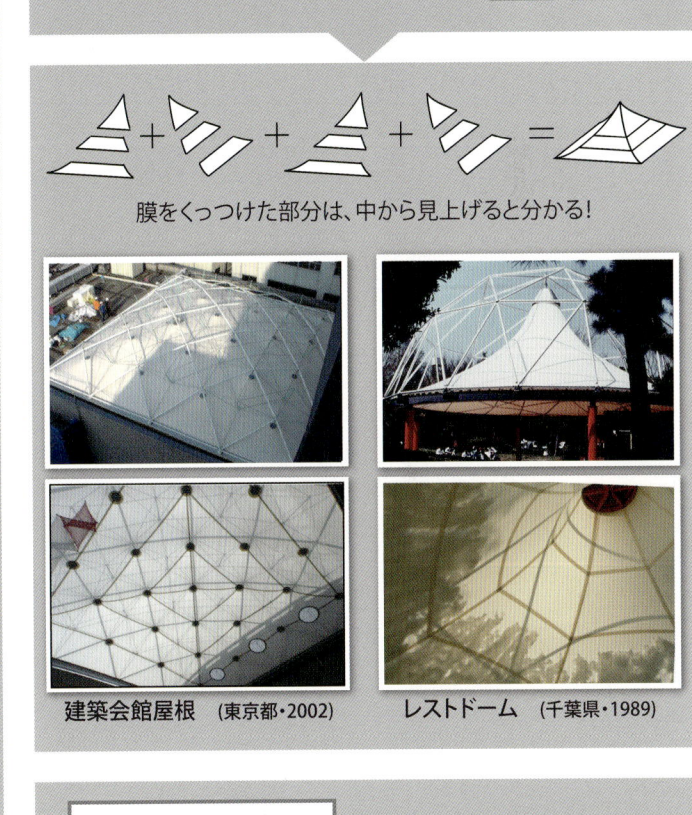

膜をくっつけた部分は、中から見上げると分かる！

建築会館屋根　（東京都・2002）　　レストドーム　（千葉県・1989）

かさから膜構造

かさは、骨組に膜をつけてかたちをつくっている

骨の反発する力で膜がピンとはる！

出雲ドーム　（島根県・1992）

37

6 社会を支える新しい技術

地震や台風に対して建物を安全にするために、どのような工夫がなされているか学習しましょう。

建物は、建物自体の質量にかかる重力という鉛直方向の力に耐えるだけでなく、横からの力も考慮する必要があります。横からの力は、主に「地震」によるものと「風」によるものがあります。

人間は、3章で述べたように、力に対する「力感」を持っていますが、水平方向の力には、鉛直方向の力ほどの経験を持っていません。しかしながら建物が大規模になると地震よりも風のほうが大きくはたらく場合もあり、風に対する「揺れ」を抑えることが重要になります。

振り子を揺らそう

❶ 振り子の自由振動実験［実験①］

長さ25cm、100cmのたこ糸の先に、同じ重さのおもりをつけて揺らし、おもりが往復する時間を比べてみましょう。

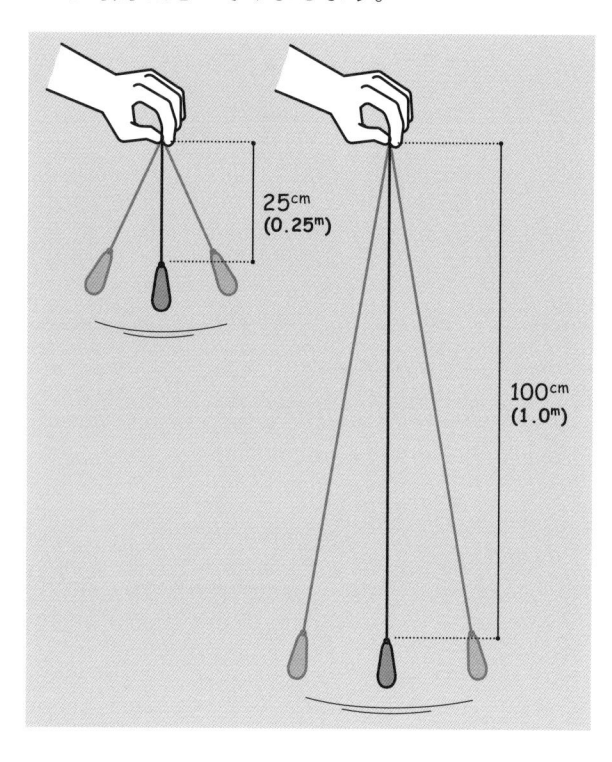

固有周期の計算方法

単振り子の固有周期　$T = 2\pi\sqrt{\dfrac{\ell}{g}}$

ここに、　ℓ：振り子の長さ
　　　　　g：重力加速度 (9.8 m/sec²)

$\ell = 25^{cm} (0.25^{m})$ の場合

$T = 2 \times 3.14 \times \sqrt{\dfrac{0.25}{9.8}} = 6.28 \times \sqrt{0.0285} ≒ 1.0^{sec}$

$\ell = 100^{cm} (1.0^{m})$ の場合

$T = 2 \times 3.14 \times \sqrt{\dfrac{1.0}{9.8}} = 6.28 \times \sqrt{0.102} ≒ 2.0^{sec}$

✏️ 一口メモ　振り子の等時性の発見

1620年、ガリレオ・ガリレイはピサの町の洗礼堂のシャンデリアの振動を見て、周期はシャンデリアの揺れ幅に関係ないことを発見したといわれています。

❷ 複数の振り子の振動実験（共振）［実験②］

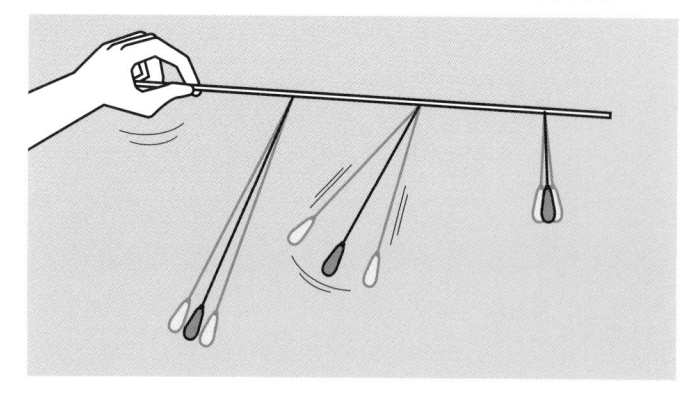

棒に長さの異なるたこ糸（長さ 短:10cm、中:20cm、長:30cm というように長さに差をつける）で製作した振り子を取りつけてそれぞれの振り子の周期に合った振動を与えると、周期のあった振り子だけが大きく揺れます。

長さが違うと振動（ゆれ）の周期が異なるという振り子の特性に、周期にあわせて手によって力を加えると振動が大きくなるという性質を共振といいます。

6. 社会を支える新しい技術

振動の基礎概念

❶ 倒立振り子による固有周期実験

ヒノキの模型用角材（長さ10cm、20cm、30cm）の先端に粘土のおもりをつけて揺らしてみましょう。

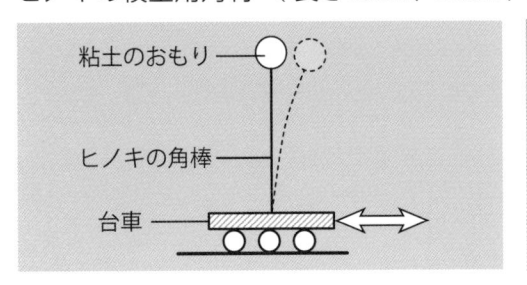

倒立振り子の固有周期　$T = 2\pi\sqrt{\dfrac{m}{k}}$

ここに、　k：模型ヒノキ角材のばね定数、$k = \dfrac{3EI}{\ell^3}$
　　　　　m：おもりの質量
　　　　　E：ヒノキのヤング係数
　　　　　I：ヒノキの角棒の断面2次モーメント
　　　　　ℓ：ヒノキの長さ

❷ 倒立振り子による応答スペクトルの基礎実験[1]

ヒノキの模型用角材（長さ10cm、20cm、30cm）の先端に粘土のおもりをつけて揺らしてみましょう。

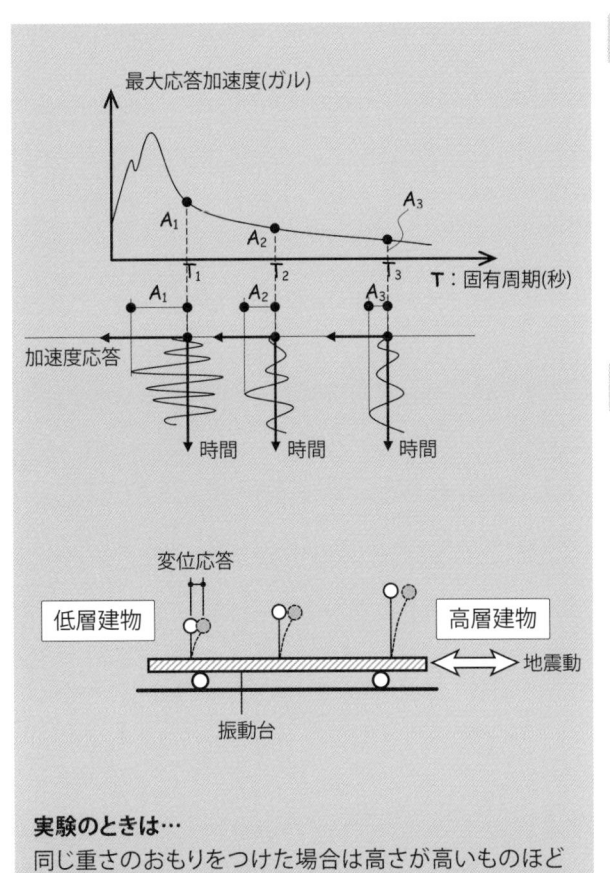

実験のときは…
同じ重さのおもりをつけた場合は高さが高いものほど周期が長いので、左から10cm、20cm、30cmの順で並べる。

地震応答スペクトルとは

同じ地震動を受けても建物の揺れ方は異なります。このような地震動と建物の揺れ方（応答といいます）の関係を1質点の建物の固有周期と減衰定数の関係としてあらわしたものが、「地震応答スペクトル」と呼ばれるものです。

この地震応答スペクトルを実験によって調べた結果をあらわしたものが左の図です。

実験の方法と結果の示し方

この実験では、減衰定数は同じで固有周期が異なる倒立振り子を振動台に並べます。このとき、固有周期の短いものから長いものの順になるように、倒立振り子を左側から順に並べます。

そして、この振動台を揺すると、振動台の動きに合わせて倒立振り子（建物に相当する）は揺れます。この揺れる状態を「応答する」といいます。この倒立振り子の応答を測定したものは、「応答波形」と呼ばれます。例えば加速度を測定したものであれば、「加速度応答波形」と呼ばれます。揺れている時間の中で、加速度が最大となるそれぞれの倒立振り子の値をA_1、A_2、A_3として求め、その値の周期を示す固有周期Tをあらわす横軸上の位置にA_1、A_2、A_3を縦軸にして点をとり、それらの点を結んだ曲線を「加速度応答スペクトル」といいます。

前出の、複数の振り子の実験❷も同じ性質を利用したもので、同じように応答スペクトルを求めることができます。

応答スペクトルから分かること

応答スペクトルには、加速度以外に変位（揺れの幅）、揺れの速度の最大値から求めたものもあり、それぞれを変位応答スペクトル、速度応答スペクトルと呼びます。この応答スペクトルは、地震動による建物の揺れの程度を示すことになります。

なお、この応答スペクトルは、地盤の状況や地震動の性質によって異なり、応答スペクトルを調べることによって建物の揺れ方や地盤・地震の性質を把握することができます。

建物を地震から守る

❶ 耐震構造 ── 剛構造と柔構造

剛構造	エネルギーに力で対抗して建物の水平変形を抑える構造
柔構造	建物の変形をある程度許すことで、地震のエネルギーを吸収して抵抗する構造

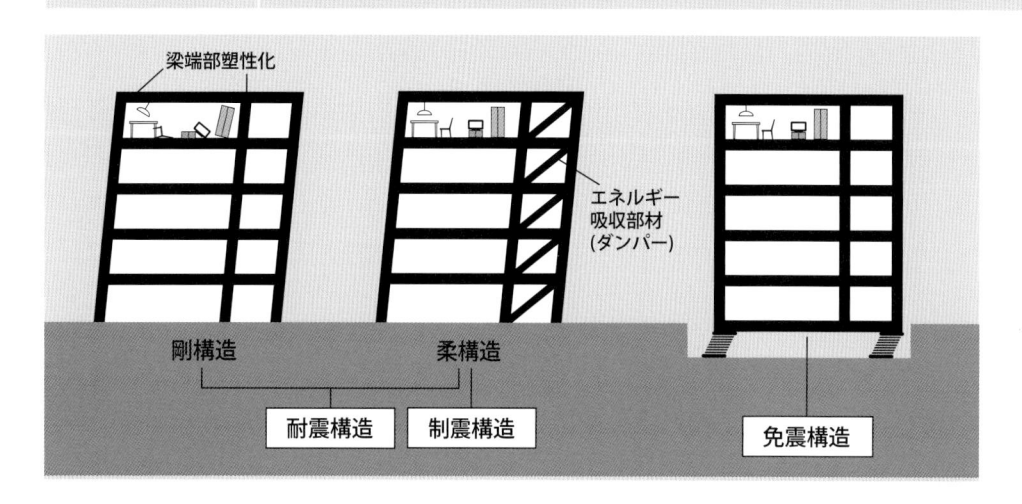

❷ 制震構造

地震による揺れを吸収することが制震で、その制震装置は「質量の移動を応用する質量移動型」と、「エネルギーを吸収するエネルギー吸収型」の2つに分類できます。

(a) 質量移動型：地震が起きて、建物が振り子のように動き出すのを、巨大なおもりを逆向きに動かすことによって、打ち消す方法
(b) エネルギー吸収型：建物に変形を及ぼそうとするエネルギーを油圧ダンパー等で熱に変えて発散させるもの

❸ 免震構造

地震の揺れが建物に伝わらないようにするのが免震で、免震では建物と地面との縁を切ってしまうことが基本的な考えです。理想的な免震は建物を空中に完全に浮かばせることですが、現実には無理なのでそれに近い状態を考えることになります。その1つの方法として鉄の板とゴムを交互に重ねた積層ゴムがあります。この方法では、住宅のような軽い建物では積層ゴムが堅すぎると効果が発揮されないし、柔らかすぎると地震の生じないときでも沈んでしまいますので、鉄の板とゴムのそれぞれの堅さを調整するように工夫されています。

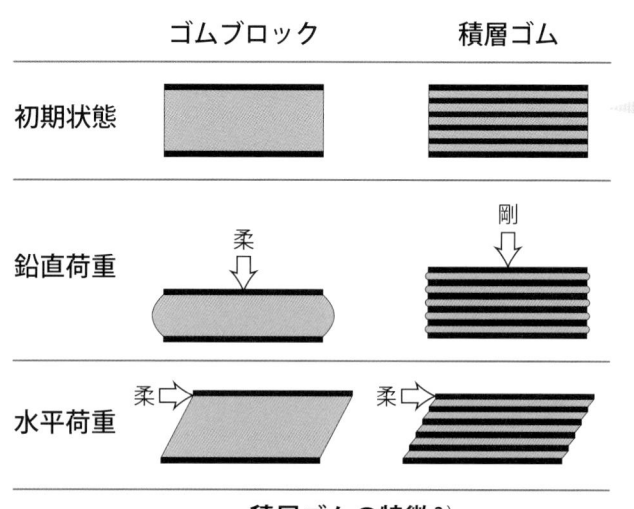

積層ゴムの特徴[2]

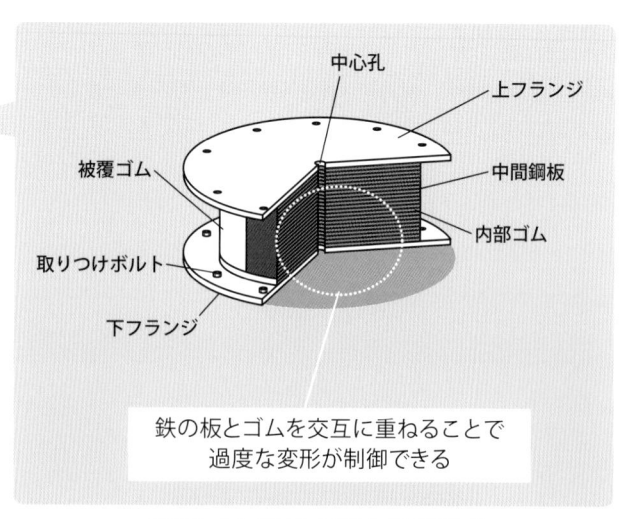

積層ゴム支承の基本的構造[2]

6. 社会を支える新しい技術

風による振動を抑える

風を抑える制振装置は機械振動学の「マスダンパー理論」を建築に応用したもので、以下の方法があります。

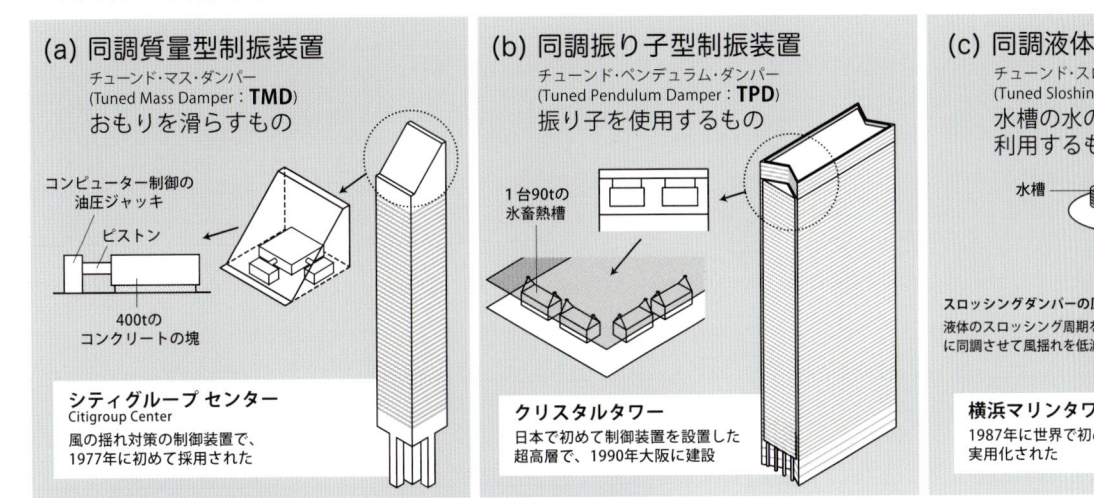

(a) 同調質量型制振装置
チューンド・マス・ダンパー
(Tuned Mass Damper：**TMD**)
おもりを滑らすもの

- コンピューター制御の油圧ジャッキ
- ピストン
- 400tのコンクリートの塊

シティグループ センター
Citigroup Center
風の揺れ対策の制御装置で、1977年に初めて採用された

(b) 同調振り子型制振装置
チューンド・ペンデュラム・ダンパー
(Tuned Pendulum Damper：**TPD**)
振り子を使用するもの

- 1台90tの氷蓄熱槽

クリスタルタワー
日本で初めて制御装置を設置した超高層で、1990年大阪に建設

(c) 同調液体型制振装置
チューンド・スロッシング・ダンパー
(Tuned Sloshing Damper：**TSD**)
水槽の水の反動を利用するもの

- 水槽
- スロッシングダンパー

スロッシングダンパーの原理[3]
液体のスロッシング周期を構造物に同調させて風揺れを低減させる

横浜マリンタワー
1987年に世界で初めてTSDが建築物に実用化された

設計例1　横浜ランドマークタワー
1993年に竣工した70階建, 296mのオフィスとホテル

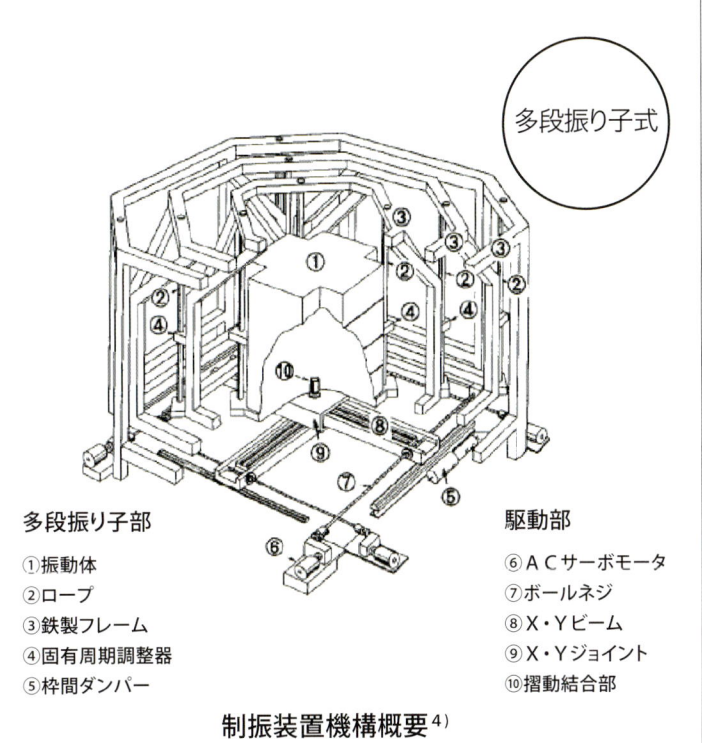

多段振り子式

多段振り子部
① 振動体
② ロープ
③ 鉄製フレーム
④ 固有周期調整器
⑤ 枠間ダンパー

駆動部
⑥ ACサーボモータ
⑦ ボールネジ
⑧ X・Yビーム
⑨ X・Yジョイント
⑩ 摺動結合部

制振装置機構概要[4]

- ロープ
- おもり

1993年に竣工した70階建、高さ296m、オフィスビルの上部にホテルが建築されている複合ビルです。ホテルの居住性を高めるために、風による揺れを低減させる工夫がなされています。

最上階に多段振子型制震装置（170tが対角線上に2台）が設置されています。3mの振り子を3段式にして、9mの長さの振り子と同じ効果が出るように工夫されています。調整装置によって、建物の固有周期の6秒になるように制御され、ビルの揺れを最大40%に軽減することができます。

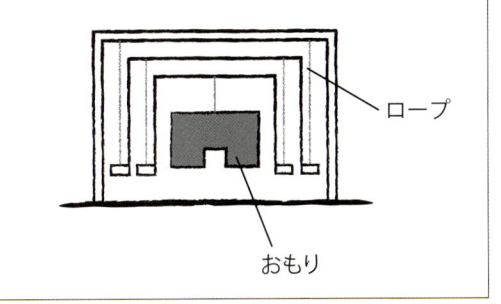

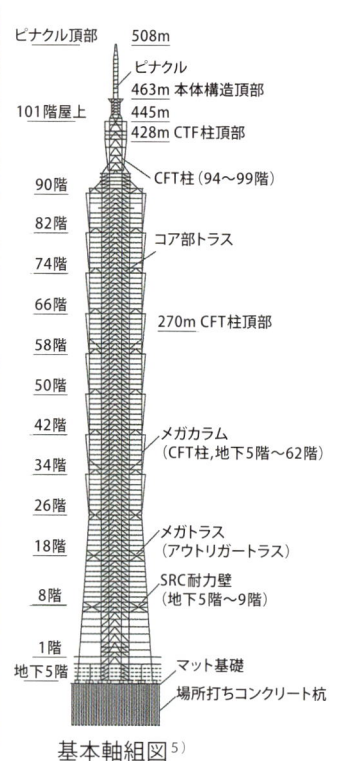

設計例2 台北101

2004年に竣工、101階建、509.2m。
巨大なTDP。

42mのワイヤーが92階から87階にかけて吊り下げられ、直径5.5m、重さ660tの鋼鉄製のおもりがつけられた振り子の効果で、台風などによる横揺れも吸収できるように設計されています。建物の揺れと反対方向に揺らすことで、振動の揺れを30%～40%に小さくすることができます。

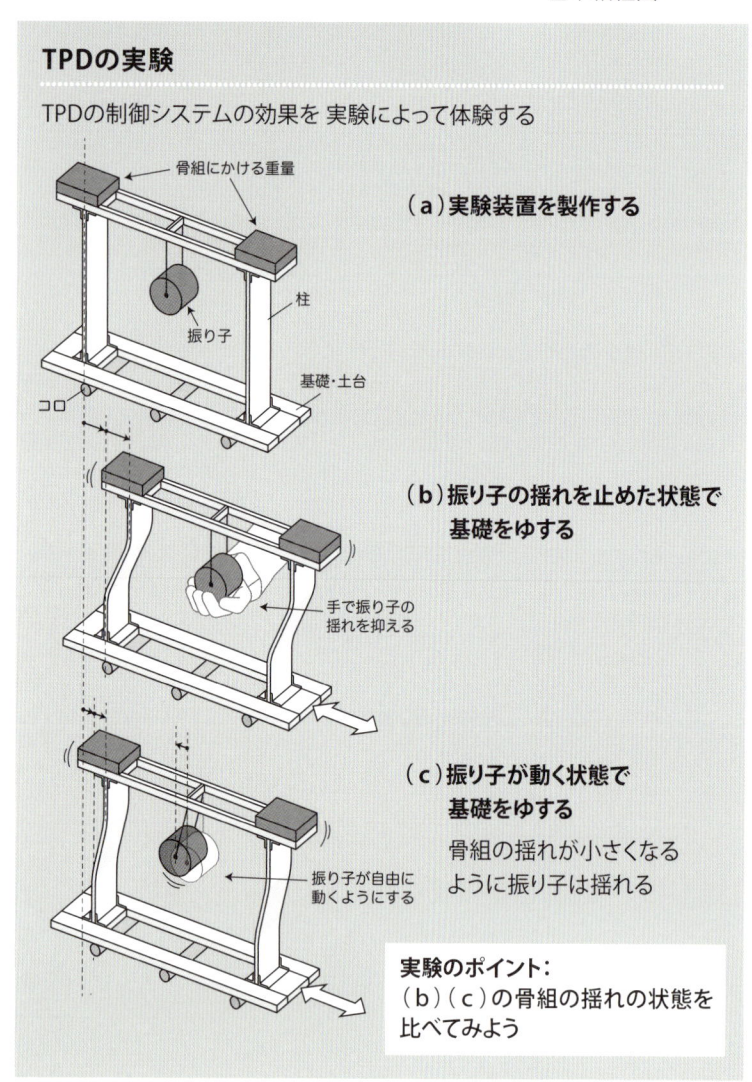

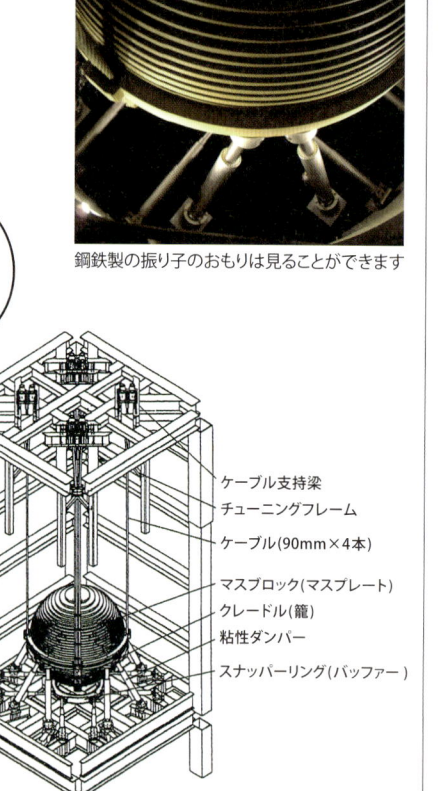

基本軸組図[5]

- ピナクル頂部 508m
- ピナクル
- 463m 本体構造頂部
- 101階屋上 445m
- 428m CTF柱頂部
- CFT柱（94～99階）
- コア部トラス
- 270m CFT柱頂部
- メガカラム（CFT柱,地下5階～62階）
- メガトラス（アウトリガートラス）
- SRC耐力壁（地下5階～9階）
- マット基礎
- 場所打ちコンクリート杭

鋼鉄製の振り子のおもりは見ることができます

振り子式

TMD姿図[5]

- ケーブル支持梁
- チューニングフレーム
- ケーブル（90mm×4本）
- マスブロック（マスプレート）
- クレードル（籠）
- 粘性ダンパー
- スナッパーリング（バッファー）

TPDの実験

TPDの制御システムの効果を実験によって体験する

(a) 実験装置を製作する
- 骨組にかける重量
- 柱
- 振り子
- 基礎・土台
- コロ

(b) 振り子の揺れを止めた状態で基礎をゆする
- 手で振り子の揺れを抑える

(c) 振り子が動く状態で基礎をゆする
骨組の揺れが小さくなるように振り子は揺れる
- 振り子が自由に動くようにする

実験のポイント：
(b)(c)の骨組の揺れの状態を比べてみよう

6. 社会を支える新しい技術

設計例3 | ブルジュ・ハリファ Burj Khalifa
2010年竣工、160階建、830m、RC造＋鉄骨造。

耐震構造

塔の部分を含めると830mの高さになり、世界一の超々高層ビルです。低層部はRC造で、高層部は鉄骨造です。
平面形は、風の抵抗を少なくするために三角形にしてあり、三方に張り出したウイング部分は、中央の六角形をしたコア部分に接続され、風による変形が生じにくくなるように工夫されています。

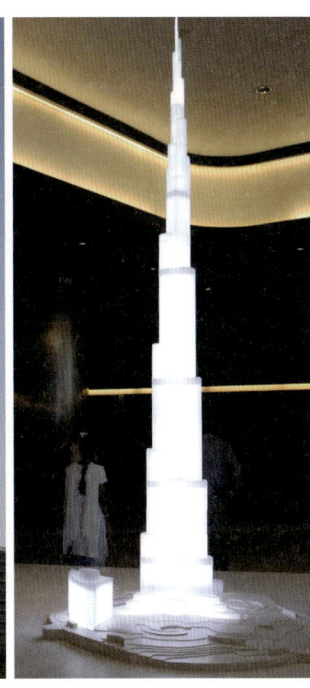

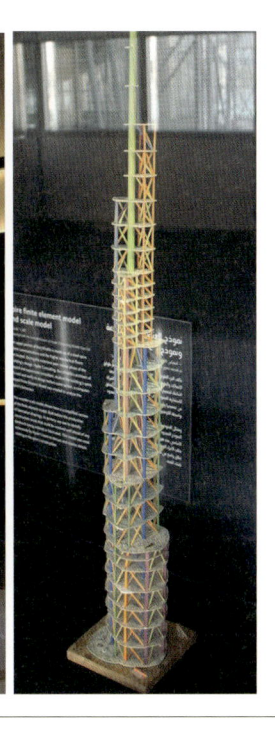

設計例4 | 東京スカイツリー
2012年に竣工、29階建、634m。

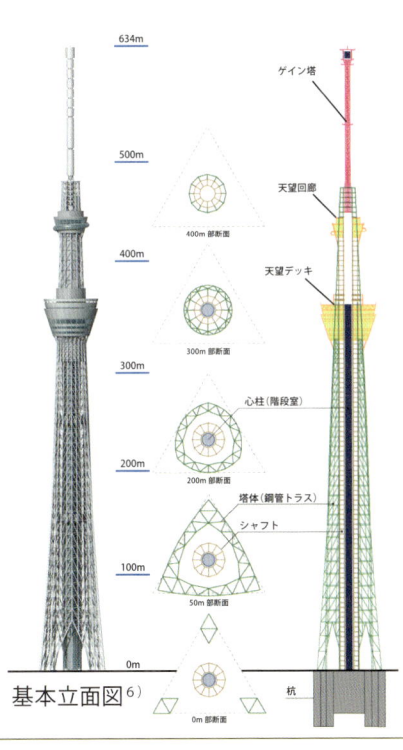

五重塔式制震システム

高さ634mの電波塔は、かご状に編んだ鉄骨で支えられ、その断面形は下層部では3角形、上層部になるにつれて円形になっています。
中央にRC構造の円筒形の階段室「心柱」を配置し、それを取り囲む形でエレベーターや電気配管類などを内包する鉄骨造のコア（中塔、内塔）が配置されています。その外側は鋼管によるトラス構造で形成されています。
本タワーは、制震システムを採用して、特に地震時の揺れの低減を図っています。RC構造の心柱とその外側の鉄骨部分を高さ125m以上で切り離し、その部分の心柱重量を利用した質量付加機構による制震システムを構築しています。高さ125m以下では鋼材により心柱とその外側の部分を一体化し、高さ125m以上ではオイルダンパーを設けることにより、心柱の変位を制御するとともに、塔全体に減衰性能を付加しています。この心柱制震によって、大地震時でも最大40%程度の応答せん断力を低減しています。

基本立面図 6)

<参考資料>
1) 大崎順彦：地震と建築, 岩波新書, 1964年
2) 日本建築学会関東支部：学びやすい構造設計 免震・制振構造の設計, 2007年1月
3) Takanori Sato:Tuned sloshing Damper, 日本風工学会誌第32号, pp.18-24, 2012年1月
4) 永田敏雄, 山田周平, 松本竹二, 山崎真司, 阿比留久徳, 沢田昇次：みなとみらい21ランドマークタワーの制振装置：その1. 装置の所要性能とその機構, 日本建築学会大会学術講演梗概集, 2443, pp.885-886, 1990年10月
5) 青垣英夫, 井上明, 遠藤明裕, 遠藤輝一, 吉松賢二：TAIPEI 101（台北国際金融センター）建設工事 高さ世界一の超高層ビルにおける施工と構造技術, 建築技術 2004.02, 178-188, 2004年2月
6) 小西厚夫：東京スカイツリーの構造計画, 基礎工, Vol.40, No.1, pp.18-24, 2012年1月

構造入門教材

絵でみるちからとかたち

2013年7月1日　第1版第1刷
2022年10月15日　　　第5刷

編集著作人　一般社団法人　日本建築学会
印　刷　所　昭和情報プロセス株式会社
発　行　所　一般社団法人　日本建築学会
　　　　　　108-8414　東京都港区芝 5-26-20
　　　　　　電　話　（03）3456-2051
　　　　　　FAX　（03）3456-2058

発　売　所　丸善出版株式会社
　　　　　　101-0051　東京都千代田区神田神保町 2-17
　　　　　　　　　　　神田神保町ビル
　　　　　　電　話　（03）3512-3256

ⓒ日本建築学会 2013

ISBN978-4-8189-2230-3 C3052